Josef Thaller · Bruno Hausch

Original schwäbisch

Swabian Food & People

Das deutsch-englische Kochbuch schwäbischer Spezialitäten
Rezepredaktion: Monika Graff

HÄDECKE

ISBN 3-7750-0284-7

Printed in Germany.

Rezepte

Recipes

Das Wesen des Originals ist die Unschuld. Nicht die Unschuld des von der Sünde Befreiten – es gibt ja auch Sünder unter den Originalen –, es ist die Unschuld des Unmittelbaren, des Spontanen. Dies ist auch der Grund, warum es so selten Politiker oder sonstige Personen von öffentlichem Rang unter den Originalen gibt. Von wenigen Ausnahmen abgesehen. Eine dieser wenigen Ausnahmen war der verstorbene Landtagsabgeordnete Tiberius Fundel aus dem Lautertal. Der „Bere", der in Indelfingen, zwischen Münsingen und Zwiefalten, 1898 das Licht der Welt erblickte und wie sein Vater Müller wurde, war ein aufrechter Mann, der nichts und niemanden fürchtete und zu jedem du sagte. Wie viele schwäbische Originale verstand es auch der „Bere" trefflich, seine Gedanken in Verse zu fassen. 1918, beim Militär, als er nach langer Krankheit im Münsinger Hospital völlig unerwartet wieder genesen war, schrieb er dem Stabsarzt:

„Drei Monat hing mein Leben
in der Schwebe,
und die Doktoren gaben längst
mich preis.
Daß ich trotz deren Hilfe
heut noch lebe,
das ist ein Glück, das ich
zu schätzen weiß!"

Berühmt waren seine Reden im Landtag, berühmter noch seine Zwischenrufe und guten Ratschläge. So der Rat, den er 1966 Kurt Georg Kiesinger auf den Weg nach Bonn als Bundeskanzler mitgab: „Kurt Georg, bleib a a'schtändiger Mensch! Jetzt ka ma bloß no für di bette."
Wohl am bekanntesten ist der Ratschlag, den er 1948 dem ersten Staatspräsidenten von Südwürttemberg-Hohenzollern, Gebhard Müller, erteilte: „Schtaatspräsidentle, oins muascht dir merke: Paß uf, daß du it z' oft in d' Zeitong kommscht! Je öfter nämlich im Blättle bischt, je öfter putzet se d' Leut ihren Hentere mit dir ab!"

Ein anderes Original war der Blaubeurener Oberamtsrichter Dodel, der für seine salomonischen Urteile bekannt war. Einmal hatten sich auf dem Wochenmarkt in Blaubeuren ein Ziegenbock und eine Geiß losgerissen und derart ausgiebig verlustiert, daß etliches Geschirr zerschlagen wurde, worauf die Halter um Schadenersatz verklagt wurden.
Dodel entschied: „Die Halterin von der Geiß hat vier, der Halter des Ziegenbocks zwei Teile des zerschlagenen Geschirrs zu bezahlen, denn dia Goiß ischt mit vier Füß in dem G'schirr g'stande ond der Bock bloß mit zwoi!"

Etwas Unmittelbares und, wenn man so will, Unschuldiges haftet auch den schwäbischen Spätzle an. Diese scheinbar kunstloseste aller Teigerscheinungen, krumm, kurz, lang, dick und dann wieder, mitunter am gleichen Stück, dünn, voll der seltsamsten Windungen, Verquerungen, Einbuchtungen und Auswuchtungen, keines dem anderen gleich und doch einander ähnlich, diese sonderbarste aller Volksspeisen – von welcher der Stuttgarter Oberbürgermeister Manfred Rommel einmal sagte, sie stelle den vergeblichen Versuch der Schwaben dar, italienische Makkaroni nachzumachen – entspricht wie kein anderes Produkt der schwäbischen Küche dem Wesen dieses Volksstammes und verkörpert wie kein anderes die Einmaligkeit des Originalen.

Schwäbische Spätzle gehen, wenn man einigen Quellen glauben darf, zurück auf das 13. Jahrhundert. So wie es aussieht, sind sie das einzige Produkt, das die Schwaben im 21. Jahrhundert noch genau so machen werden wie vor 700 Jahren.

The essential trait of what in Germany is called "ein Original", and what might best be translated as "a character", is innocence. Not the innocence that is free of sin – after all, there are "characters" who are also sinners, or vice-versa – it is the innocence of the direct, the spontaneous.
This may well be one of the reasons why there are so few politicians or other persons of high office who could be called characters. One of the few exceptions is the former member of the Baden-Württemberg State Parliament, the late Tiberius Fundel, also known as *King of the Lautertal.*
Bere, as he was lovingly called by everyone, was born in a mill at Indelfingen, a small village on the Swabian Alb between Münsingen and Zwiefalten. Like his father, he became a millwright. *Bere* was an honorable man who feared nothing and no one and called everybody by his first name. (Unusual in Germany, where it is considered a sign of respect to address people by their proper title and surname.) Like many Swabian characters, *Bere* had the gift of putting his thoughts to verse. In 1918, after an unexpected recovery from a very serious illness, he sent the hospital superintendent this poem:

"Three months my life had been in peril,
And doctors had already given up.
That I should live despite their help now,
Is luck, sheer luck and nothing but."

His speeches in the State Parliament were famous. Even more famous were his catcalls and the good advice he gave to his friends. Like that which he gave to Kurt Georg Kiesinger when he was on his way to Bonn to assume the chancellorship. "Kurt Georg, stay clean! All we can do now is pray for you." Also famous is the advice he gave Gebhard Müller, first president of South Württemberg-Hohenzollern. "Staatspräsidentle (diminutive for State President), keep one thing in mind: Take care that you don't get in the news too much. Because the more often you're in the papers, the more often people are going to wipe their behinds with you!"
Another character was Judge Dodel of Blaubeuren, who was known for his solomonic judgement. Once, on market day at Blaubeuren, a she-goat and a billy-goat got loose and had fun together so enduringly, that quite a bit of pottery was broken, whereupon the owners of the goats were sued for damages. Judge Dodel decided: "The owner of the she-goat has to pay four parts, the owner of the billy-goat two parts, because the she-goat had stood with four legs in the pottery, and the billy-goat with only two."

Some of the directness or, if you wish, innocence typical of the *Original* is also typical of Swabian Spätzle. This at first glance most artless of all home-made noodles or noodle-like creations, which Manfred Rommel, Lord Mayor of Stuttgart once described as the futile attempt on the part of the Swabians to imitate Italian macaroni, is, more than any other product of Swabian cooking, typical of the Swabians. With its varied and manifold appearances, short, long, thick and thin, bent and twisted, no noodle like the other, yet all similiar to one another, this strangest of all popular dishes is the perfect embodiment of all that is original.

Swabian Spätzle go back to the 13th century. By the looks of it, it is the only product Swabians will continue to make in the 21st century the same way they did 700 years ago.

Schupfnudeln
(Bubespitzle, Wargele)

1 kg Kartoffeln, am Tag zuvor gekocht
2–3 Eier
je 1 Prise Salz und Muskat
ca. 100 g Weizenmehl
4 l kochendes Salzwasser
Butterschmalz zum Braten
Evtl. zum Aufziehen:
1–2 Eier
2–3 Eßl. süße Sahne

Die Kartoffeln schälen, fein reiben, die Eier und die Gewürze und soviel Mehl zufügen, bis die Masse zusammenhält (das hängt von der Kartoffelsorte ab). Den Teig durchkneten, eine Rolle formen, davon kleine Portionen abschneiden und mit den Händen auf einem bemehlten Backbrett kleinfingerlange Würstchen formen. Die Schupfnudeln in leicht gesalzenem Wasser so lange kochen, bis sie an die Oberfläche kommen. Eventuell erst eine Probenudel abkochen, und wenn diese zerfällt, noch etwas Mehl unterkneten.
Die Bubespitzle gut abtropfen lassen, sodann im heißen Butterschmalz rundum knusprig braten und zu Sauerkraut oder Braten reichen.
Oder die abgetropften Schupfnudeln auf einem Backbrett ausbreiten, und wenn sie gut abgetropft sind, in eine gefettete Form legen, mit verquirltem Ei und Sahne übergießen und im vorgeheizten Backofen bei ca. 200°C etwa 20 Minuten goldgelb überbacken.
Das Hin-und-her-Rollen der Kartoffelmasse nennt man – je nach Gegend – schupfen oder wargeln.

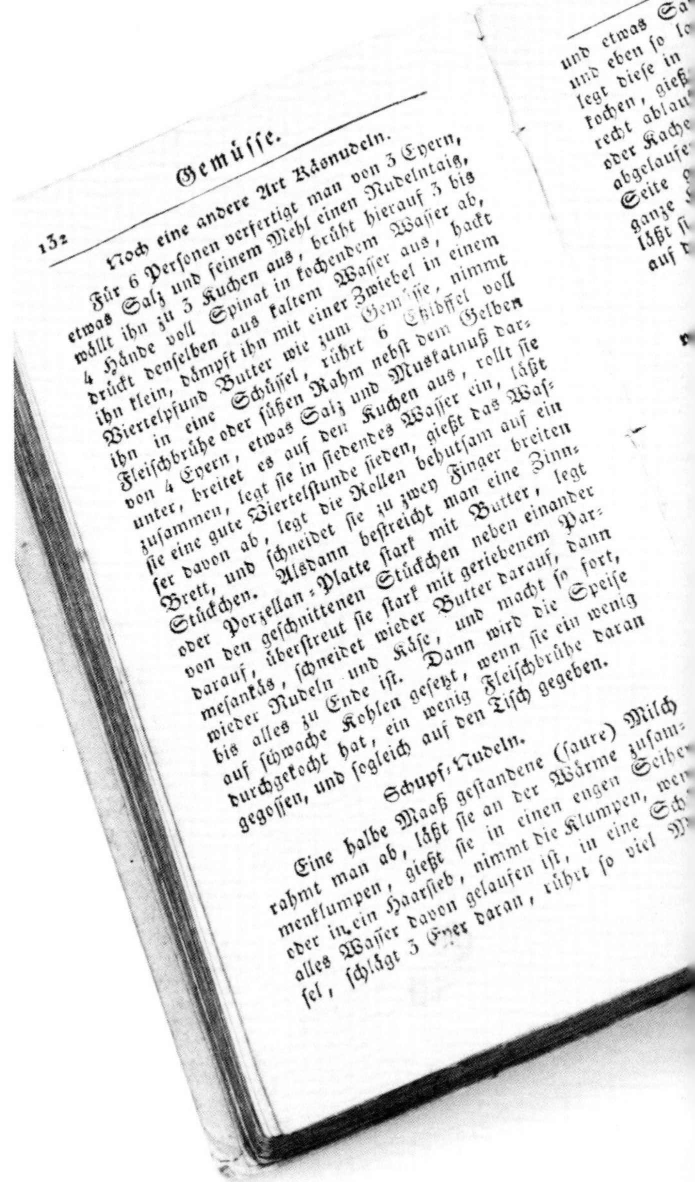

Originalrezept aus „Oekonomisches Handbuch für Frauenzimmer“, Stuttgart 1817.

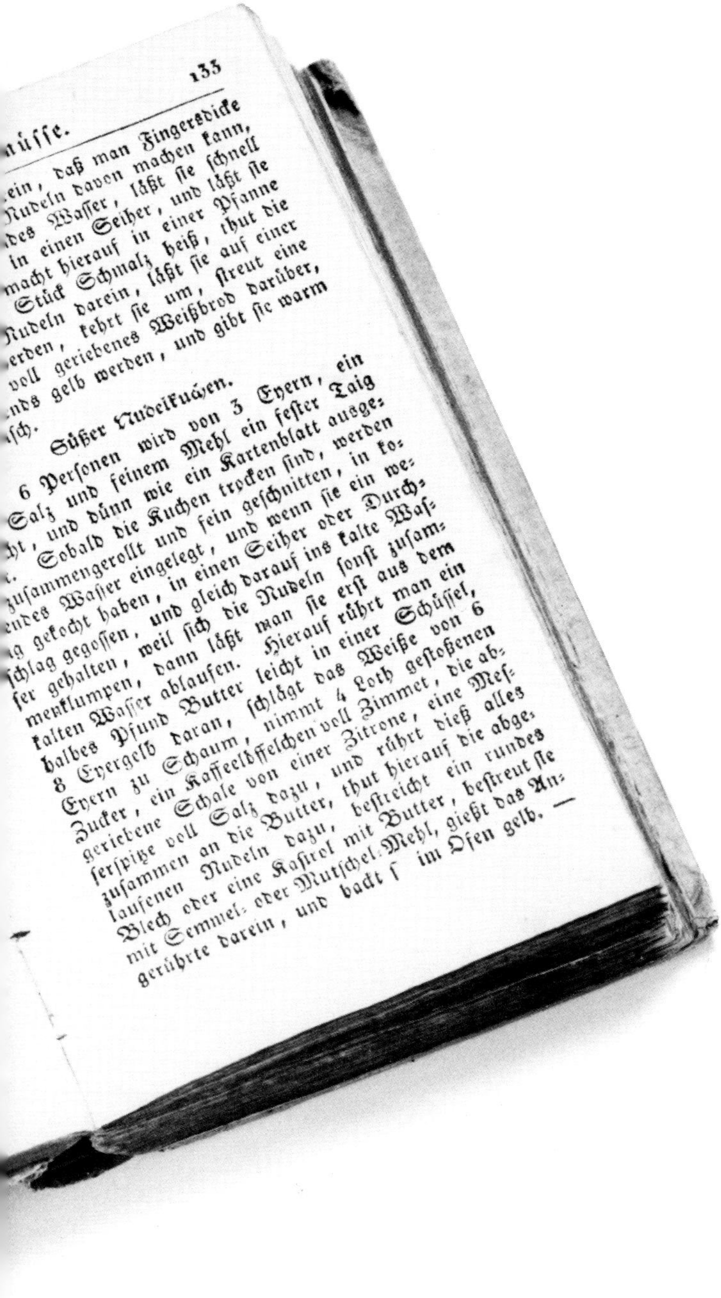

Schupfnudeln (Bubespitzle, Wargele) (potato noodles)

2.2 lbs. potatoes, cooked the day before
2–3 eggs
a pinch each of salt and nutmeg
about 4 oz. flour
4 qt. boiling saltwater
lard for frying
Alternative serving suggestion:
1–2 eggs
2–3 tbsp. sweet cream

Peel potatoes, grate fine. Add eggs, salt, nutmeg and just enough flour until the mixture holds together (this depends on the sort of potato). Knead mixture thoroughly, form a roll, cut into slices. On a floured board form into small finger-sized rolls. Boil the *Schupfnudeln* in slightly salted water until they rise to the surface. It is a good idea to test one *Schupfnudel* before continuing. If it falls apart in the water, put a little more flour into remaining mixture. Drain *Schupfnudeln,* then fry in clarified butter or lard until crisp. Serve with Sauerkraut or pot-roast.
Or, place well drained *Schupfnudeln* in greased baking-dish, beat eggs, mix in cream and pour over *Schupfnudeln.* Preheat oven to 400 degrees and bake for about 20 minutes until golden brown.
The back and forth movement used to roll out the potato mixture is called – depending on the region – *Schupfen* or *Wargeln.*

Reprint from an old Swabian Cookbook: "Oekonomisches Handbuch für Frauenzimmer", Stuttgart 1817.

Linsen, Spätzle, Saiten

- Linsengemüse:
- 400 g vorbehandelte Linsen
- Wasser, 2 Lorbeerblätter
- 40 g geräucherter, durchwachsener Speck
- 50–60 g Mehl
- 1 Zwiebel
- 1 Möhre, 1 Stück Lauch
- ca. 1/4 l Fleischbrühe
- 2–3 Eßl. Weinessig
- Salz und Pfeffer
- Spätzle, siehe Seite 13
- Saiten vom Metzger

Die Linsen mit reichlich Wasser und den Lorbeerblättern aufsetzen und ca. 45 Minuten kochen – die Linsen sollten vom Kochwasser gut bedeckt sein.
Den Speck fein würfeln und auslassen. Darin das Mehl anrösten, bis es eine gelbbräunliche Farbe angenommen hat.
Die Zwiebel, Möhre und den Lauch sehr fein hacken, kurz mit andünsten, dann die abgetropften Linsen zugeben und mit Fleischbrühe ablöschen. Mit Essig abschmecken und die Linsen gut durchkochen. Mit Salz und Pfeffer würzen.
Dazu gibt es Spätzle, Saiten oder ein gutes Rauchfleisch, das man auch kurze Zeit in den Linsen mitkochen kann.
Wer möchte, kann auch etwas frischen Knoblauch zu den kleingehackten Gemüsen geben – das macht das Gericht leichter verdaulich.Die Fleischbrühe kann auch durch einen Rotwein ersetzt werden – dann beim Abschmecken mit Essig vorsichtig sein.

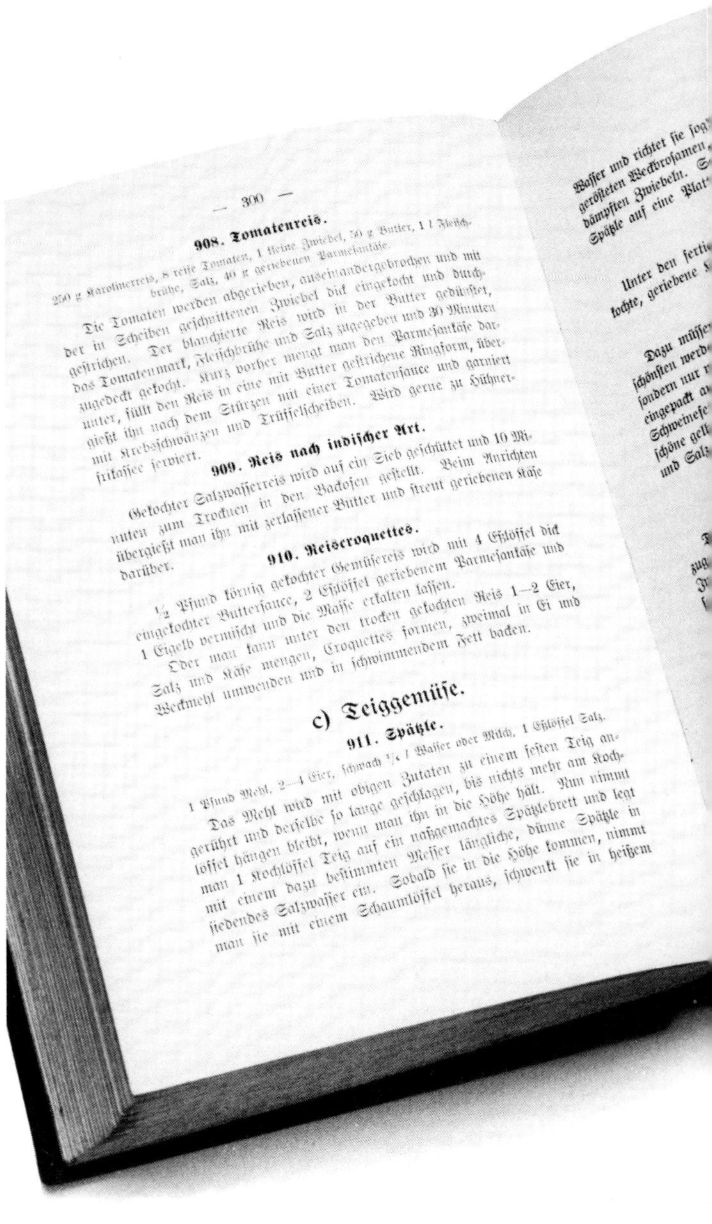

Anmerkung: Nicht vorbehandelte Linsen sollten über Nacht in viel Wasser eingeweicht und am nächsten Tag mit frischem Wasser gekocht werden. Keinesfalls Salz zugeben – das verlängert die Kochzeit!

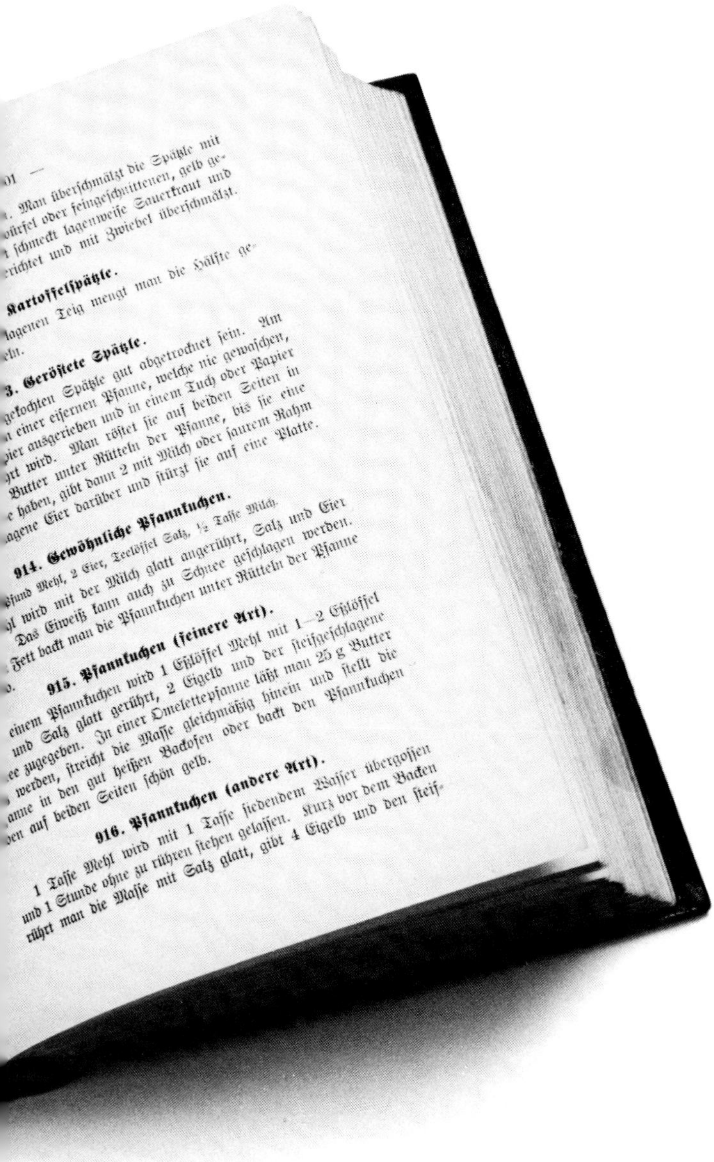

01 —
. Man überschmälzt die Spätzle mit
würfel oder feingeschnittenen, gelb ge-
n schmeckt lagenweise Sauerkraut und
erichtet und mit Zwiebel überschmälzt.

Kartoffelspätzle.
lagenen Teig mengt man die Hälfte ge-
eln.

3. Geröstete Spätzle.
gekochten Spätzle gut abgetrocknet sein. Am
n einer eisernen Pfanne, welche nie gewaschen,
pier ausgerieben und in einem Tuch oder Papier
grt wird. Man röstet sie auf beiden Seiten in
Butter unter Rütteln der Pfanne, bis sie eine
e haben, gibt dann 2 mit Milch oder saurem Rahm
agene Eier darüber und stürzt sie auf eine Platte.

914. Gewöhnliche Pfannkuchen.
Pfund Mehl, 2 Eier, Teelöffel Salz, ½ Tasse Milch.
gl wird mit der Milch glatt angerührt, Salz und Eier
Das Eiweiß kann auch zu Schnee geschlagen werden.
Fett backt man die Pfannkuchen unter Rütteln der Pfanne
o.

915. Pfannkuchen (feinere Art).
einem Pfannkuchen wird 1 Eßlöffel Mehl mit 1—2 Eßlöffel
und Salz glatt gerührt, 2 Eigelb und der steifgeschlagene
ee zugegeben. In einer Omelettepfanne läßt man 25 g Butter
werden, streicht die Masse gleichmäßig hinein und stellt die
anne in den gut heißen Backofen oder backt den Pfannkuchen
oen auf beiden Seiten schön gelb.

916. Pfannkuchen (andere Art).
1 Tasse Mehl wird mit 1 Tasse siedendem Wasser übergossen
und 1 Stunde ohne zu rühren stehen gelassen. Kurz vor dem Backen
rührt man die Masse mit Salz glatt, gibt 4 Eigelb und den steif-

Spätzle-Rezepte/Spätzle recipes
in „Kochbuch des Schwäbischen Frauenvereins"

Lentils, *Spätzle*, sausages

Lentil vegetables:
14 oz. prepared lentils*
water, 2 bay leaves
1½ oz. smoked lean bacon
½ c. flour
1 onion
1 carrot, one piece of leek
about ½ cup broth
2–3 tbsp. wine vinegar
salt and pepper
Spätzle, see page 13
Wiener sausages or hot dogs

Put lentils with plenty of water on stove to boil and cook for about 45 minutes – lentils should be well covered by water. Dice bacon and fry until translucent. Brown flour slightly in bacon fat. Chop onion, carrot and leek, cook briefly with bacon and flour, then add drained lentils and broth. Flavor with vinegar and cook thoroughly. Season with salt and pepper.
Serve with *Spätzle* and sausages or with a generous slab of smoked bacon, which you can cook together with lentils for a short time.
Optional: You can add some fresh garlic to chopped vegetables – this makes the meal easier to digest.
You can also substitute red wine for broth – in this case be careful when flavoring with vinegar.

* Note: Lentils which are not prepared should be soaked in plenty of water over night and cooked the next day in fresh water. On no account add salt – this prolongs cooking time.

Pfeffer

Maultaschen

Nudelteig:
3 Eier, etwas Salz
je Ei eine halbe Eischale Wasser
360–400 g Weizenmehl

Die Eier mit etwas Salz und dem Wasser verquirlen. Das Mehl in eine Schüssel sieben, in der Mitte eine Vertiefung formen und die Eier hineingießen. Alle Zutaten von der Mitte her vermischen, aus der Schüssel nehmen und den Teig auf dem Backbrett so lange kneten, bis er beim Durchschneiden kleine Löchlein zeigt. (Der Teig kann auch in der Küchenmaschine geknetet werden.)
Je nach Beschaffenheit des Mehles evtl. noch etwas Wasser oder ein Eiweiß unterkneten. Der Teig darf jedoch nicht zu weich sein. Eine Kugel formen und mit einem erwärmten Schüsselchen bedecken und ruhen lassen, währenddessen die Füllung zubereiten:

400 g frischer Spinat
Salzwasser
20 g Speckwürfel, 20 g Butter
1 kleine Zwiebel, fein gehackt
1 Bund Petersilie, fein gehackt
3–4 trockene Brötchen, Rinde abgerieben
150 g gekochter Schinken oder kalter Braten, würfelig geschnitten
250 g Bratwurstbrät oder Hackfleisch
2–3 Eier
je 1 Prise Salz, Pfeffer und Muskat
kochendes Salzwasser oder Fleischbrühe

Den Spinat gut putzen, waschen und in kochendem Salzwasser kurz blanchieren. Kalt abschrecken, abtropfen lassen und nicht zu fein hacken. Die Speckwürfel in Butter anschwitzen, Zwiebelwürfelchen und Petersilie mitdünsten und abkühlen lassen. Die altbackenen Brötchen einweichen, gut ausdrücken und zerpflücken. In einer großen Schüssel diese Zutaten mit dem Schinken und dem Brät vermischen, die Eier unterarbeiten und mit Salz, Pfeffer und Muskat würzen. (Wenn Hackfleisch verwendet wird, so sollte dieses mit den Speck- und Zwiebelwürfelchen so lange gedünstet werden, bis es eine graue Farbe hat.)
Den Nudelteig portionsweise auf einer bemehlten Unterlage auswellen (ausrollen) – entweder in längliche, etwa 20 cm breite Streifen oder in runde Nudelflecke. Die Füllung gleichmäßig auf eine Hälfte der Teigstreifen streichen oder kleine Häufchen aufsetzen, die unbestrichene Teighälfte darüberklappen, den Teig gut andrücken und so verfahren, bis alles verbraucht ist.
Nun nicht zu große Recht- oder Vierecke davon abrädeln, in strudelndes Salzwasser oder Fleischbrühe einlegen und je nach Größe ca. 10 bis 15 Minuten darin ziehen, nicht kochen, lassen.
Die fertigen Maultaschen können in der Brühe serviert werden: mit gerösteten Semmelbröseln und Petersilie oder mit Zwiebelringen. 20 g Butter zerlassen, 2 Eßlöffel feine Semmelbrösel darin leicht anrösten sowie einen Bund Petersilie klein hacken und darüber anrichten.
Oder eine in feine Ringe geschnittene Zwiebel in Butter braun braten und über die Maultaschen geben. Dazu schmeckt ein „schlonziger" Kartoffelsalat, das ist ein relativ nasser Kartoffelsalat, angemacht mit fein gehackter Zwiebel, Salz, Pfeffer, guter Fleischbrühe und vielleicht auch etwas Kochwasser von den Maultaschen, Essig und Sonnenblumenöl.
Übriggebliebene Maultaschen können am nächsten Tag, in daumendicke Streifen geschnitten, in Fett angebraten werden. Eier mit etwas Milch verrühren, darübergießen und stocken lassen. Mit gehackter Petersilie bestreuen. Dazu schmeckt grüner Salat oder Kartoffelsalat, vermischt mit Endivienstreifen.

Stuffed noodles

Noodle dough:

3 eggs, a pinch of salt

for each egg half an eggshell water

1 1/2–1 3/4 cup wheat flour

Mix eggs with salt and water. Sift flour into a bowl, make a hollow in the middle and break eggs into it. Blend all ingredients starting from the middle, take out of bowl and knead dough on a board until air pockets can be seen when dough is cut. (Dough can also be kneaded with dough mixer.) Depending on composition of flour (the dough may be too thick), add a little water or an egg-white. Dough shouldn't be too soft. Form a ball, place on a board, cover with cloth or a dish, and allow to rest; meanwhile prepare filling:

14 oz. fresh spinach

saltwater

1 1/2 tbsp. diced bacon

1 1/2 tbsp. butter

1 small onion, finely chopped

3–4 stale rolls, crust removed

5 oz. ham or cold meat, diced

9 oz. sausage meat or ground meat

2–3 eggs

a pinch each: salt, pepper and nutmeg

boiling saltwater or meat broth

Clean spinach well, wash and blanch it briefly in boiling saltwater. Rinse with cold water, let drain and chop (not too fine). Braise bacon in butter for a short time, add diced onion and parsley, braise again and let cool. Soak stale rolls in water until soft, press water out well and pull to pieces. In a big bowl mix these ingredients with ham and sausage meat, fold in eggs and season with salt, pepper and nutmeg. Taste meat mixture – season again if required. (When using ground meat, braise it together with bacon and diced onion until it becomes grey in color.) On floured kitchen table or board roll out noodle dough in portions – either in elongated strips of about 8 inches breadth or in rounds. Spread filling evenly on one half of strips or put on little heaps, fold over other half of strips and press edges of dough together. Do so until all filling is used up. Now cut into not too big rectangles or quadrilateral rectangles using a cookie-cutter, put in boiling saltwater or meat broth and let simmer (not boil) for about 10–15 minutes depending on size.

The ready cooked *Maultaschen* can be served in broth with toasted bread crumbs and parsley or with onion rings: melt 1 tbsp. of butter, toast 2 tbsp. of bread crumbs as well as 1 bunch of finely chopped parsley in it and garnish soup.

Or, slice an onion and fry the rings in butter until brown and serve over soup. Maultaschen are also good with Swabian potato salad, dressed with good meat broth, finely chopped onion, salt, pepper and – if available – some cooking water from *Spätzle,* vinegar and oil.

If there are any *Maultaschen* left over, they can be used the next day. Cut *Maultaschen* in one inch slices, fry in fat, add eggs with some milk (slightly beaten), let thicken. Sprinkle with chopped parsley. Good served with some lettuce or potato salad with endive strips.

Schwäbischer Rostbraten

4 Scheiben Rostbraten, je ca. 180–200 g
Salz und frischgemahlener Pfeffer
zerlassene Butter oder gutes Speiseöl
4 mittelgroße Zwiebeln
Butterschmalz zum Braten
1 Schuß Rotwein
4 Eßl. süße Sahne

Die Fleischscheiben leicht klopfen und den Rand mehrmals einkerben (damit sich das Fleisch beim Braten nicht hochwölbt). Mit Salz und Pfeffer sparsam würzen und mit etwas Butter oder Öl bepinseln. Auf den heißen Rost – wie in alten Rezepten – legen und rasch von beiden Seiten anbraten. Je nach Geschmack den Rostbraten „englisch" oder durchbraten. Fühlt sich das Fleisch beim Druck mit der Fingerspitze elastisch an, so ist es innen noch blutig. Je fester es sich anfühlt, desto durchgebratener ist es.

Die Zwiebeln in feine Ringe schneiden und im heißen Bratfett in der Pfanne schön kroß braten. Über den Rostbraten anrichten. Es empfiehlt sich in jedem Falle, die Zwiebeln separat zu braten.

Man kann den Rostbraten auch in einer schweren (schmiede- oder gußeisernen) Pfanne zubereiten: Die Fleischscheiben leicht klopfen, einkerben. Rostbraten im heißen Butterschmalz rasch von beiden Seiten anbraten, dann pro Seite noch 3 bis 4 Minuten weiterbraten. Mit Salz und Pfeffer würzen, aus der Pfanne nehmen und auf einer Platte bedeckt warm halten. Den Bratfond mit wenig Rotwein aufkochen, kurz einkochen und die Sahne unterrühren. Dieses kurze Sößle zu den Rostbraten servieren.

Rostbraten kann mit Bauernbrot oder mit Sauerkraut und Spätzle oder nur mit Spätzle und Salat serviert werden.

Spätzle

500 g Weizenmehl
4–5 Eier
1 Teel. Salz
1/8–1/4 l Wasser
evtl. 1 Teel. Öl für das Kochwasser
heißes Wasser zum Schwenken

Das Mehl mit den Eiern und dem Salz in eine Schüssel geben. Unter Rühren nach und nach das Wasser zugeben und den Teig mit einem Kochlöffel (oder dem elektrischen Handrührgerät) so lange kräftig schlagen, bis kein Teigrest mehr am Löffel hängenbleibt, wenn er zur Probe in die Höhe gehalten wird. Den Teig für kurze Zeit ruhen lassen, dann nochmals gut durcharbeiten.

Ein Spätzlesbrett (dieses Brett ist nach vorne etwas abgeschrägt, siehe Foto) mit Wasser benetzen, eine kleine Menge Teig daraufstreichen und mit einem breiten Messer oder Schaber dünne Teigstreifen in das schwach sprudelnde Kochwasser schaben. Während des Schabens das Brett und das Messer immer wieder in das sprudelnde Wasser tauchen – das erleichtert die Arbeit! Schwimmen die Spätzle an der Oberfläche, mit einem Schaumlöffel herausnehmen und kurz im heißen Wasser schwenken, dann kleben die Spätzle hinterher nicht zusammen. Die fertigen Spätzle gut abtropfen lassen, auf eine vorgewärmte Platte legen und rasch servieren.

Früher wurde in manchen Familien Molke zum Anrühren des Teiges verwendet. Die Molke ist eigentlich ein Abfallprodukt, das beim Herstellen von Quark und Käse anfällt. Durch die Molke bekamen die Spätzle eine lockere Struktur. Die fertigen Spätzle können mit Butter, leicht gerösteten Semmelbröseln oder feingeschnittenen, braungebratenen Zwiebelringen oder Speckwürfeln überschmälzt werden.

Schwäbischer Rostbraten (Swabian roast steak)

- 4 slices rib steak, each about 6–7 oz.
- salt and freshly ground pepper
- melted butter or good cooking oil
- 4 middle-sized onions
- lard when frying in skillet
- a glass of red wine
- 4 tbsp. sweet cream
- Preheat oven to 475° F

Beat meat slices slightly and score edges so meat won't cup when frying. Season sparingly with salt and pepper and brush with some butter or oil. Put on grill in oven and sear on both sides. Depending on preference roast meat rare or well done. To test press meat with fingertip. If it feels elastic, it is still rare, the firmer it feels the more it is well done! Cut onions in thin rings and fry crisp in hot lard in pan. Arrange on top of meat. It is recommended to fry onions separately.
You can also fry the steaks in a heavy (cast-iron) skillet: beat meat slices slightly, notch edges. Sear quickly in hot lard on both sides, then continue frying 3 to 4 minutes on each side. Season with salt and pepper, take out of skillet and keep in warm place. Boil meat juices together with glass of red wine, let thicken and stir in sweet cream. Serve this sauce with the steaks.
You can serve Swabian Rostbraten with coarse rye bread or with Sauerkraut and *Spätzle* or with *Spätzle* and salad.

Spätzle

- 1 lb. wheat flour
- 4–5 eggs
- 1 tsp. salt
- 1/3–1/2 cup of water, depending on type of flour
- 1 tsp. oil
- hot water for tossing

In mixing bowl mix flour, eggs and salt. Add water little by little and keep stirring until smooth. With a wooden spoon (or with a mixer) beat dough until nothing remains on spoon when holding it up. Allow dough to rest for a short time, then again work it thoroughly. Moisten a *Spätzle* board (a wooden board with a handle on one side and a beveled edge on the other), with water, spread a little dough on it and scrape with a broad knife thin strips of dough into slightly boiling water. While scraping, dip board and knife time and again into boiling water – this makes work easier! When *Spätzle* rise to the surface take them out with a skimmer and toss them briefly in hot water, so that they won't stick together. Drain *Spätzle* well, place them on a preheated plate and serve quickly.
In former times, some families used whey instead of water for making dough. Whey actually is a waste product that is obtained when producing curd and cheese. The whey gave the *Spätzle* a lighter consistency.
Spätzle are served either with melted butter and with slightly toasted breadcrumbs or with finely cut, fried onion rings or with diced bacon.
Spätzle taste especially good if the dough is prepared only with eggs (about 8–9 eggs) instead of water – these *Spätzle* made of eggs will make a great meal! As a side-dish this quantity makes about 8 portions, for a main course – e. g. *Kässpätzle* – about 4 portions.

Schweine
Schmalz

Metzelsupp

Eine gute Metzelsupp kann die Lebensgeister wieder aufrichten – schon der Dichter Ludwig Uhland wußte dies und widmete deshalb ein Gedicht dieser einfachen, aber guten Speise! Die Metzelsupp ist eigentlich ein „Abfallprodukt", das beim Schlachten anfällt. Die Voraussetzung für eine gute Metzelsupp ist einmal, daß frisch geschlachtet wird, und zum anderen, daß ein paar Blut- und Leberwürste „aus Versehen" platzen, damit die Suppe nicht gar zu dünn ist!

Einen großen Wurstkessel (etwa so groß, wie früher die Waschkessel waren) zur Hälfte mit Wasser füllen und zum Kochen bringen. Da hinein kommen nacheinander Knochen (es darf noch Fleisch dran sein!), Speck, Fleisch und Schwarten etc. Kleinere Stücke in ein Netz einlegen, man kann sie später besser herausfischen. Dazu kommt Suppengrün – ebenfalls in einem Netz –, und zwar

4–5 Stangen Lauch (Porree)
500 g gelbe Rüben
1 Sellerieknolle
2–3 Petersilienwurzeln
1 kg Zwiebeln

alles grob zerschnitten. Dieses Gemüse gart etwa eine Stunde mit. Die Zwiebeln können anschließend zur Wurstherstellung verwendet werden.

In die Brühe kommen dann die Kochwürste wie Leberwurst, Blutwurst. Dabei darauf achten, daß die Temperatur im Wurstkessel 80° nicht überschreitet (evtl. etwas kaltes Wasser zufügen), die Würste platzen sonst! Während des Garens die Würste immer wieder unter die Oberfläche drücken und eventuell mit einer Stopfnadel einige Male einstechen, damit sich die Einlage gleichmäßig verteilt. Die Würste sind nach ca. 1 bis 2 Stunden gar – je nach Dicke. Die Menge Metzelsupp, die serviert werden soll, aus dem Wurstkessel entnehmen und eventuell noch einmal mit Suppengrün und Lorbeerblatt ca. 30 Minuten kochen. Dann das Gemüse entfernen, die Suppe mit Salz, Pfeffer und Majoran abschmecken und in Teller füllen. Schwarzbrotwürfelchen in Schweineschmalz anrösten und zusammen mit frischen Schnittlauchröllchen über der Metzelsupp anrichten. Dazu schmeckt ein frisches Holzofenbrot.

So säumet denn, ihr Freunde, nicht,
die Würste zu verspeisen,
und laßt zum würzigen Gericht
die Becher fleißig kreisen!
Es reimt sich trefflich Wein und Schwein,
und paßt sich köstlich Wurst und Durst;
bei Würsten gilt's zu bürsten.

Auch unser edles Sauerkraut,
wir sollen's nicht vergessen;
ein Deutscher hat's zuerst gebaut,
drum ist's ein deutsches Essen.
Wenn solch ein Fleischchen weiß und mild
im Kraute liegt, das ist ein Bild
wie Venus in den Rosen.

Und wird von schönen Händen dann
das schöne Fleisch zerleget,
das ist, was einem deutschen Mann
gar süß das Herz beweget.
Gott Amor naht und lächelt still
und denkt: „Nur daß, wer küssen will,
zuvor den Mund sich wische!"

Ihr Freunde, tadle keiner mich,
daß ich von Schweinen singe!
Es knüpfen Kraftgedanken sich
oft an geringe Dinge.
Ihr kennt jenes alte Wort,
ihr wißt: Es findet hier und dort
ein Schwein auch ein Perle.

Aus dem „Metzelsuppenlied"
von Ludwig Uhland

Butcher's broth

A good *Metzelsupp* can revive your spirits – the poet Ludwig Uhland already knew this and therefore dedicated a poem to this simple but good meal! *Metzelsupp* is an accidental product obtained when slaughtering. Essential for a good *Metzelsupp* is freshly slaughtered pork and that a few of the blood- and liver sausages burst in the soup.
Fill half of a big sausage boiler (about as big as the wash boilers used to be in former times) or any other big pot with water and bring to a boil. Add bones (there can still be some meat on them), uncured bacon, pork and pork rind and, if available, pig's knuckles. Put smaller pieces in a net for easier removal. Add, also in a net: 4–5 leeks, 1 lbs. carrots, 1 celery root, 2–3 parsley roots and 2 lbs. onions, all coarsely chopped, and cook for about 1 hour. In this broth cook freshly made liver sausages* (see p. 36) and blood sausages* (see p. 45) keeping an eye on temperature – it must not exceed 350° F (if necessary add some cold water) – since otherwise the sausages will burst. It is however desired that at least one or two of the blood and liver sausages burst to add to the taste of the soup. To achieve this result puncture with needle when sausages are almost done. Season soup with salt, pepper and mayoram and ladle into soup plates. Garnish with croutons of brown bread and finely chopped chives.
Serve meat separately with *Sauerkraut* und mashed potatoes or *Spätzle.*

One of the most popular poems of Ludwig Uhland, the famous nineteenth century Swabian poet whose 200th birthday was celebrated in 1987, is the *Metzelsuppenlied,* the "Song about the Butcher's Broth".
Uhland in this poem not only makes clear that swine rhymes with wine and wurst with thirst, but elevates the profane even further, when in his lines

Wenn solch ein Fleischchen weiß und mild
im Kraute liegt, das ist ein Bild
wie Venus in den Rosen

he compares a slab of pork laying on a bed of Sauerkraut with "Venus in den Rosen" or Venus in the roses. A turn of phrase that goes back to the times of the *Minnesänger,* the troubadours of the middle ages.
In any other but Uhland's words such a comparison would – so say the least – be more than risky. Uhland manages to evoke two contrasting pictures in these three lines. One of earthy lust the other of sublime beauty. He must have felt however that his analogy was likely to cause critical reactions and that its poetic substance was somewhat questionable, since in his last verse he says:

Pray, my friends, don't scold me now
When of pigs I sing;
There have at times been stronger thoughts
Tied to a lesser thing
And, without doubt, you are aware
That on occasion here and there
Also a pig may find a pearl.

* Fresh blood and liver sausages are available at almost every German butchershop on Tuesdays.

Sauerkraut mit Kesselfleisch und Leber-/Griebenwurst

500 g Schweinebauch, -bug oder -hals, auch halbierter Schweinskopf oder Häxle
1/2 l Fleischbrühe
1 Zwiebel, grob zerschnitten
1 kg frisches Sauerkraut (Filderkraut)
50–60 g Schweineschmalz
evtl. einige Schinkenabschnitte
1 große Zwiebel, fein geschnitten
1 Kartoffel
Wacholderbeeren oder Kümmel
2–3 Lorbeerblätter
Apfelsaft oder Weißwein zum Angießen

Das Fleisch waschen, in daumendicke Scheiben schneiden, in die mit Zwiebelstücken angereicherte Brühe einlegen und ca. 40–50 Minuten sanft kochen. Das Fleisch aus der Brühe nehmen, einen Viertelliter der Brühe für das Kraut weiterverwenden.
Das Sauerkraut etwas kürzer schneiden. In einem innen emaillierten Topf das Schmalz zerlassen, Schinkenstückchen oder Speckwürfel und Zwiebelwürfel darin glasig werden lassen. Das Kraut zugeben, etwas angehen lassen und mit Fleischbrühe angießen. Die Kartoffel schälen, fein reiben und unter das Kraut mischen. Je nach Geschmack Wacholderbeeren und Lorbeerblätter oder nur Kümmel zugeben. Die Fleischscheiben auf das Kraut legen, den Deckel schließen und das Kraut auf kleiner Flamme ca. 2 bis 3 Stunden kochen. In regelmäßigen Abständen das Kraut etwas auflockern, Apfelsaft oder Weißwein zugießen – Kerner eignet sich gut, aber auch ein Riesling ist empfehlenswert.
Wird das Kraut ohne Kesselfleisch gekocht, zur Geschmacksabrundung einen Apfel in Stückchen unter das Kraut mischen.
Kesselfleisch mit Senf und Pfeffer servieren.

Leberwürste

750 g frisches, durchwachsenes Schweinefleisch
250 g fetter, ungeräucherter Speck
1 1/2–2 l Wasser, 1 Eßl. Salz
1 Spickzwiebel (mit 4 Nelken)
2 Lorbeerblätter
einige Pfefferkörner, zerdrückt
500 g frische Schweineleber
1 geriebene Zwiebel
Salz und frischgemahlener Pfeffer
1 Teel. gerebelter Majoran
je 1/2 Teel. Piment und Thymian, gemahlen
gereinigte Schweinedärme

Das Schweinefleisch etwa 45 Minuten, den Speck ca. 20 Minuten in dem mit Spickzwiebel und Gewürzen versehenen Salzwasser kochen. Die Leber häuten, putzen (Adern entfernen) und in Scheiben schneiden. In ein Sieb legen und einige Male in die kochende Brühe eintauchen, insgesamt etwa 3 bis 4 Minuten.
Das Fleisch und die Leber durch den Fleischwolf (feine Scheibe) drehen, den Speck sehr klein würfeln. Alle Zutaten in eine Schüssel geben und soviel durchgesiebte Kochbrühe zugeben, bis eine dickflüssige Masse entsteht. Sollte die Masse zu dünn geraten, so können 2 bis 3 altbackene Brötchen (die Kruste abreiben, in feine Scheiben schneiden, kurz mit heißem Wasser befeuchten und ausdrücken, dann zerrupfen) untergemengt werden. Die geriebene Zwiebel und die Gewürze zufügen, gut abschmecken. Die Wurstmasse in gutgereinigte Därme (kann man im Fleischereibedarfsgeschäft bekommen) drei Viertel hoch einfüllen und die Würste abbinden. Mit einer Stopfnadel mehrmals einstechen und in leicht gesalzenem Wasser oder in der Metzelsupp (Siehe S. 60) bei 80° C in ca. 30 bis 45 Minuten garen.

Sauerkraut with boiled pork liver and blood sausages

1 lb. lean unsmoked bacon, pork shoulder, neck or possibly half of hog's head or pig's knuckles
1/2 qt. broth
1 onion, coarsely chopped
2 lbs. fresh Sauerkraut
3–4 tbsp. lard
optional: some ham trimmings or diced bacon
1 big onion, finely chopped
1 potato
juniper berries or caraway-seed
2–3 bay leaves
apple juice or white wine

Wash meat, cut into one inch thick slices, and place in broth with onion pieces, and cook gently for about 40–50 minutes. Take meat out of broth, put aside and use part of broth to cook Sauerkraut.

Melt lard in an enameled pot, cook ham trimmings or diced bacon together with diced onion until translucent. Add Sauerkraut, cook briefly and pour meat broth over it. Peel potato, grate finely and add to Sauerkraut. According to taste add juniper berries and bay leaves or caraway seeds only. Lay meat on top, cover with lid and cook for 2 to 3 hours on low heat. At regular intervals loosen Sauerkraut with a fork. Add apple juice or dry white wine, preferably a German Riesling. If Sauerkraut is cooked without pork, add an apple, cut in little pieces, to smoothen taste.

Serve boiled pork with mustard and pepper.

Liver sausages

1 1/2 lbs. fresh marbled pork
1/2 lb. fat unsmoked bacon
1 1/2–2 qt. water, 1 tbsp. salt
1 onion studded with 4 cloves
2 bay leaves
some peppercorns, crushed
1 lb. fresh pork liver
1 grated onion
salt and freshly ground pepper
1 tsp. ground marjoram
1/2 tsp. each: ground pimento and thyme
cleaned sausage casings
For cooking:
slightly salted water or *Metzelsupp* (p. 61)

Cook pork in saltwater together with onion and spices for about 45 minutes, cook bacon for about 20 minutes. Skin liver, clean and devein and cut in slices. Lay in sifter and dip in cooking broth several times for about 3 to 4 minutes. Mince pork and liver with meat grinder (use fine blade), dice bacon very small. Put all ingredients in a bowl and add strained cooking broth until a syrupy mixture forms. If mixture should turn out too thin, fold in 2 to 3 stale rolls (grate off crust, cut in thin slices, moisten shortly with hot water and squeeze, then pull to pieces). Add grated onion and spices, flavor well. Fill with three quarters of sausage mixture thoroughly cleaned sausage casings (you can get them in the butcher's shop) and tie sausages up.

Puncture several times with a needle and cook in salted water or in *Metzelsupp* (see p. 61) for about 30 to 45 minutes at 350° F. From time to time push sausages under surface, so that they cook evenly.

Griebenwurst nach Karl Roller

Für etwa 10 kg Wurst:
- 2 kg Schweineschwarten mit Speckschicht
- 5 kg Schweinebacken und Rüssel, evtl. vorgepökelt
- reichlich Kochwasser, evtl. Salz
- 1 kg frische Schweineleber
- 1 kg Schweineblut
- evtl. Antigerinnungsmittel für das Blut
- 1 kg Brühe

pro Kilo Wurstmasse:
- 18 g Salz, wenn das Fleisch nicht gepökelt war
- 3–5 g schwarzer Pfeffer
- 5 g Piment, gemahlen
- je 5–8 g Majoranpulver und Glutamat
- gutgereinigte Schweinedärme

Die Schwarten ca. 1½ Stunden, Schweinebacken und Rüssel ca. 1 Stunde in Wasser (falls vorgepökelt, kein Salz zugeben) kochen. Das Fleisch sollte auf Daumendruck elastisch nachgeben. Die Leber nur 30 Minuten mitkochen. Die Schwarten im Blitzhakker zu einem feinen Brei verarbeiten (die Masse sollte wie Pudding sein), Schweinebakken und Rüssel durch die feine Scheibe des Fleischwolfs treiben. Die Leber in sehr kleine Würfel schneiden. Den Schwartenbrei auf genau 40° C erhitzen, das gutgerührte Blut zugeben (will man sichergehen, daß es nicht gerinnt, ein entsprechendes Mittel zusetzen), den Fleischbrei und die Brühe sowie die Leberstückchen unterarbeiten. Mit den Gewürzen gut abschmecken und die Masse in gereinigte Därme nicht zu prall einfüllen. Die Würste abbinden und evtl. stupfen (siehe auch S. 36). Im 75–80° C heißen Wasser ca. 45 Minuten kochen. Danach kurz in kaltes Wasser tauchen, damit der Darm nicht hart wird, und frisch zu Sauerkraut servieren.

Flädlesuppe

- 150 g Weizenmehl
- knapp ¼ l Milch
- 1–2 Eier
- 1 Prise Salz

Zum Ausreiben der Pfanne:
- 1 Stück Speck oder Speckschwarte

- 1 l gute Fleischbrühe
- 1 Bund Schnittlauch

Aus Mehl, Milch, den Eiern und der Prise Salz einen glatten, nicht zu dicken Teig rühren. Eine schwere Bratpfanne stark erhitzen, mit Speck ausreiben, einen kleinen Schöpflöffel Teig hineingeben, verlaufen lassen und dünne Pfannküchle – Flädle – backen. So verfahren, bis der ganze Teig verbraucht ist. Die Flädle abkühlen lassen, halbieren und in dünne Streifen schneiden. In klare, sehr heiße Fleischbrühe einlegen und sofort servieren. Mit Schnittlauchröllchen bestreuen.

Flädle sind ein Bestandteil der Schwäbischen Hochzeitssuppe. Je nach Landstrich kommen noch Grießklößle, Markklößle und Brätklößle oder Leberklößle, kleine Maultäschle oder Backerbsle, Eierstich und Leberknöpfle mit in die gute Suppe. Da in früheren Zeiten Vorschriften des Landesvaters auch Tauf- oder Hochzeitsessen reglementierten, fielen die einzelnen Gänge eben besonders reichhaltig aus – so wurden die Vorschriften zu Gunsten des Essers ausgelegt!

Beef broth with pancake strips

2/3 cup wheat flour
just under 1/2 cup milk
1–2 eggs
pinch of salt
For greasing skillet:
piece of bacon or bacon rind
1 qt. meat broth
a bunch of chives

Mix together flour, milk, eggs and salt and stir batter until smooth, but not too thick. Heat a heavy skillet until quite hot and grease with bacon. Pour small ladleful of batter into skillet, spread until skillet is covered and make thin pancakes – *Flädle.* Do so until all batter is used up. Cool *Flädle,* cut in half and then again in thin strips. Lay in very hot broth and serve immediately. Sprinkle with diced chives.

Flädle are one part of the Swabian wedding soup. Depending on the region semolina balls, beef marrow balls and sausage meat balls or liver dumplings, little stuffed noodles *(Maultäschle)* or small baked dumplings *(Backerbsen),* cooked-egg garnish and liver *Spätzle (Leberknöpfle)* are added. Since in former times the orders of the Sovereign also restricted the number of courses served at baptisms and weddings, the single courses were made especially generous – hence the many different dumplings in the wedding soup.

Blood sausage à la Karl Roller

For about 20 lbs. sausage:
4 lbs. porkrind with some bacon on it
10 lbs. pig's cheek and snout, possibly salted
plenty of salted water
2 lbs. fresh pig's liver
4 cups of fresh pig's blood
optional: anticoagulation substance
4 cups broth
per kilo sausage mixture:
0.6 oz. salt (if meat wasn't salted before)
1 pinch black pepper
1 pinch ground pimento
1 pinch majoram powder
1 pinch glutamate
well cleaned sausage casings

Cook rind for about 1 1/2 hours, pork cheek and snout about 1 hour in water (don't add salt if meat was salted before). When pressing with thumb meat should be elastic. Cook liver only for 30 minutes together with other meat. Use kitchen machine to make ground meat from rind (mixture should be like mash), work pork cheek and snout through fine blade of meat grinder. Cut liver in very small squares. Heat up rind mixture to 110 degrees, add well stirred blood (to make sure that blood won't coagulate, add corresponding preparation), mix in ground meat, broth and little liver pieces. Flavor with herbs and spices and fill clean sausage skins with mixture, but not too full. Tie up sausages and perhaps puncture with needle. Cook in 175-degree hot water for about 45 minutes. After that dip them shortly in cold water so that skin won't get too hard and serve fresh with Sauerkraut. It is absolutely important that rind mixture is 110 degrees, if temperature is higher, blood turns black!

Saure Kutteln

1,25 kg vorgekochte Kutteln
400 g Zwiebeln
80–100 g Schweine- oder Butterschmalz
3/4 l Rotwein (Trollinger oder Lemberger)
1 Schuß Rotweinessig
1 mit 2 Nelken gespickte Zwiebel
2 Lorbeerblätter, 4–5 Wacholderbeeren
einige Pfefferkörner
Salz und frischgemahlener Pfeffer
Mehlschwitze aus 20 g Butter, 40 g Mehl
4 Eßl. Sauerrahm
Beilage: Röstkartoffeln (Bratkartoffeln)

Die vorgekochten Kutteln in feine Streifen schneiden, sofern Ihr Metzger das noch nicht getan hat. Die Zwiebeln klein würfeln, im heißen Fett anbraten, dann die Kuttelstreifen zugeben, kurz mitbraten, Wein und Essig zugießen und die Gewürze zugeben. Die Kutteln ca. 30–60 Minuten sanft kochen (je nachdem, wie lange sie vorgekocht waren – am besten einfach probieren). Die Spickzwiebel und die Lorbeerblätter aus der Soße nehmen, mit Salz und Pfeffer abschmecken. Vor dem Anrichten die Mehlschwitze mit dem Sauerrahm und etwas Soße verquirlen und unter die Kutteln rühren. Zu den Kutteln schmekken ein gutes Viertele und Röstkartoffeln.
Kutteln, die man beim Metzger kaufen kann, stammen aus den vier Teilen der Rindermägen. Jeder Teil sieht etwas anders aus – am bekanntesten sind Pansen und Labmagen.
Nicht vorgekochte Kutteln werden mit Wasser, dem ein gehackter Kalbsfuß und ein Teelöffel Natron beigegeben sind, aufgesetzt. Das Natron bewirkt, daß die Kutteln schön hell bleiben. Nach dem ersten Aufkochen wird das Wasser abgegossen und durch neues ersetzt. Nach etwa 4–5 Stunden sind die Kutteln dann soweit, daß sie wie oben beschrieben weiterverarbeitet werden können.

Gefüllte Kalbsbrust

1,5 kg Kalbsbrust, vom Metzger ausgelöst und vorbereitet
250 g Kalbsknochen, kleingehackt
80 g Butter (zerlassen)
1 Zwiebel, 1 gelbe Rübe
Salz, Pfeffer
Für die Fülle:
3 alte Semmeln
1/2 feingeschnittene mittelgroße Zwiebel
40 g Butter, Petersilie
2 Eier, 1/8 l Milch
fein abgeriebene Schale von einer ungespritzten Zitrone
Muskatnuß, Salz

Die Kalbsbrust innen und außen gut mit Salz und Pfeffer einreiben. Die Semmeln kleinschneiden und mit der in Butter angeschwitzten Zwiebel, der kleingehackten Petersilie, den in Milch verquirlten Eiern und Zitronenschale sowie den Gewürzen gut vermengen und eine Viertelstunde ruhen lassen. Die Masse nicht zu fest in die Brusttasche füllen und die Brust zunähen.
Die Kalbsknochen in eine Bratreine geben, die Brust mit der Oberseite nach unten darauf legen, mit der zerlassenen Butter bestreichen und bei starker Hitze (ca. 250° C) kräftig anbraten. Die Hitze nach einer Viertelstunde reduzieren, die geviertelte Zwiebel und in Scheiben geschnittene gelbe Rübe zugeben und seitlich etwas Wasser angießen. Nach einer halben Stunde die Brust umdrehen und unter ständigem Begießen (da sonst die Brust austrocknet) in insgesamt 1 3/4 Stunden fertig braten. Darauf achten, daß die Kalbsbrust nicht zu dunkelbraun wird. Vor dem Anschneiden 1/2 Stunde im ausgeschalteten, geöffneten Backrohr ruhen lassen.
Zur Kalbsbrust ißt man am besten einen Kartoffelsalat.

Tripe in sour sauce

- 2½ lbs. tripe, precooked
- 14 oz. onions
- ⅓–½ c. lard or clarified butter
- 1½ cup red wine *(Trollinger)*
- a dash of red wine vinegar
- 1 onion studded with 2 cloves
- 2 bay leaves
- 4–5 juniper berries
- some peppercorns
- salt and freshly ground pepper
- roux made from:
- 1 tbsp. butter and
- ⅓ c. flour
- ½ tbsp. sour cream
- side-dish: fried potatoes

Cut precooked tripe in fine stripes – if your butcher hasn't done it already. Chop onions, fry in hot fat, add tripe, fry briefly, add wine and vinegar and spices. Cook tripe gently for about 30–60 minutes (depending on how long they were cooked before) – the best thing is to test! Take studded onion and bay leaves out of sauce and flavor with salt and pepper. Before serving whisk sour cream and some sauce into roux and stir into tripe. Good served with fried potatoes and Trollinger (Württemberg red wine) or any other German dry red wine. Tripe, which you can buy at the butcher come from the four parts of the stomach of the cow. Each part looks a bit different – the best known are paunch and maw. Tripe which are not precooked, are cooked in water to which chopped calf's trotters and 1 teaspoon of baking soda are added. The effect of soda is that tripe remains light in color. After the first boil, water is poured off and substituted with fresh water. After about 4–5 hours tripe is ready for being prepared in the above mentioned way.

Stuffed Breast of Veal

- 3 lbs breast of veal (deboned and prepared by butcher)
- 8 oz calf's bones, chopped
- 5 Tbsp clarified butter
- 1 onion
- 1 carrot
- salt, pepper
- For the stuffing:
- 3 stale rolls
- 1/2 onion, finely chopped
- 3 Tbsp butter
- 2 Tbsp parsley, finely chopped
- 2 eggs, 1/2 cup milk
- 1 tsp grated lemon peel (untreated)
- outmeg, salt to taste

Preheat oven to 450° F. Rub breast of veal inside and outside with salt and pepper. Set aside while preparing the stuffing. Cut the rolls into slices. Melt the butter and cook the finely chopped onion until translucent. Beat the eggs and milk together. Mix together well the beaten eggs, sauteed onion, parsley, lemon peel, spices, and bread slices. Let mixture sit for 15 minutes. Stuff the veal breast with this mixture, and tie the breast together with strong cotton twine. Wash and dry calf's bones, put into roasting pan and place stuffed breast of veal on top. Brush with clarified butter and put into preheated oven (480° F.). After 15 minutes, reduce heat to 400° F., add quartered onion, sliced carrot and a little hot water. After 30 minutes, turn veal over. Keep roasting breast, frequently basting it with its own juices, for a total of 1 3/4 to 2 hours, until it is golden brown. Let rest for 30 minutes in oven, with oven door open, before carving.
Serve with potato salad or green salad.

Gaisburger Marsch oder „Schnitz und Spatzen“

Zur Brühe:
2 krause Knochen, 1 Markknochen
600 g Rind- oder Ochsenfleisch (z. B. hohe Rippe, Ochsenbrust, Brustkern, Bugblatt oder Wade)
1½–2 l Wasser
1 gelbe Rübe, ¼ Sellerieknolle
1 Petersilienwurzel, 1 kleine Zwiebel
¼ Stange Lauch, 1 Eßl. Salz
einige Pfefferkörner
2 Lorbeerblätter
Spätzle nach dem Rezept Seite 12, halbe Menge
750 g Kartoffeln
Zum Überschmälzen:
geröstete Zwiebelringe
4 Eßl. feingehackte Petersilie

Die Knochen zerkleinern, mit kaltem Wasser aufsetzen, rasch zum Kochen bringen und dann erst das Fleisch einlegen. Abschäumen und nach dem ersten Aufkochen die Hitzezufuhr reduzieren. Die Brühe sollte nur sanft kochen. Nun das grob zerkleinerte Gemüse und die Gewürze zugeben und die Brühe ca. 1½–2 Stunden kochen.
In der Zwischenzeit die Spätzle zubereiten und warm stellen. Die Kartoffeln schälen und in größere „Schnitz“ schneiden. Die Brühe durch ein Sieb gießen und die Kartoffelstücke darin ca. 10–15 Minuten kochen. Das Fleisch solange warm halten.
Zum Anrichten das Fleisch in kleine Würfel schneiden und abwechselnd mit den Spätzle und den Kartoffelschnitz in eine vorgewärmte Suppenterrine geben, die heiße Brühe darübergießen. Den Gaisburger Marsch mit goldgelb gerösteten Zwiebelringen und mit gehackter Petersilie servieren.

Anmerkung: Die Kartoffelschnitz können auch separat wie Salzkartoffeln gekocht werden – das spart etwas Zeit. Allerdings dürfen die Stücke nicht zu gar sein!

In seinem Buch „Preisend mit viel schönen Reden“ schrieb Thaddäus Troll über den Gaisburger Marsch:
„Eine Leibspeise der Schwaben ist der Gaisburger Marsch, ein Eintopf aus kleingeschnittenem Ochsenfleisch in einer kräftigen Brühe mit Kartoffelschnitzen und Spätzle. Vor dem Ersten Weltkrieg hatten die Einjährigen, die mindestens sechs Klassen einer höheren Schule besucht haben mußten, damit automatisch Offiziersanwärter waren und statt zwei nur ein Jahr zu dienen hatten, in den Kasernen gewisse Vorrechte. So brauchten sie nicht in der Kantine zu essen, sondern durften in eine Wirtschaft gehen. Die Einjährigen in der Stuttgarter Bergkaserne bevorzugten die Küche der Bäckaschmiede in Gaisburg, deren Spezialität dieser Eintopf war. Vor dem Essen formierten sie sich zum Gaisburger Marsch, eine Bezeichnung, die später auf ihr Lieblingsgericht übertragen worden ist.
Eine der Grundsubstanzen dieses Nationalgerichts ist die Kartoffel, die wir den Franzosen zu verdanken haben.
Zehnjährige Steuerfreiheit nebst Grund und Boden wurde den aus Savoyen wegen ihres protestantischen Glaubens vertriebenen Waldensern in Württemberg zugestanden. Sie brachten zu Beginn des 18. Jahrhunderts die Kartoffel und den Maulbeerbaum ins Ländle. Die 1200 Maulbeerbäume gediehen nicht, aber die 200 zuerst in Schönenberg bei Maulbronn gepflanzten Kartoffeln eroberten bald ganz Deutschland.
Sie heißen im Schwäbischen Erdbirnen, Grundbirnen oder Erdäpfel: Äbira, Grombira, Ärdäpfl.

Gaisburger Marsch or "Schnitz und Spatzen" (beef, potato and *Spätzle* stew)

For broth:
2 soup bones, 1 marrowbone
1 1/4 lbs. beef (e. g. ribs, brisket, shoulder or leg)
1 1/2–2 qt. water
1 carrot, 1/4 celery root
1 parsley root, 1 small onion, 1/4 leek stalk
1 tbsp. salt
some pepper corns
2 bay leaves
Spätzle according to recipe on page 13 (half quantity)
1 1/2 lbs. potatoes

To garnish with:
fried onion rings
4 tbsp. finely chopped parsley

Chop bones, put in kettle with cold water, bring to a boil quickly and add meat. Skim off and reduce heat. Now add coarsely chopped vegetables spices and herbs and cook broth for 1 1/2–2 hours.

In the meantime make *Spätzle* and keep warm.

Peel potatoes and quarter or cut in large slices *(Schnitz)*. Strain broth and cook potato pieces in broth for about 10–15 minutes. Keep meat warm.

For serving cut meat in small cubes and put into a preheated soup pot alternating *Spätzle* and potato pieces, pour hot broth over it.

Serve *Gaisburger Marsch* garnished with fried onion rings and chopped parsley.

Note: The potato pieces can also be cooked separately like boiled potatoes which saves some time. Avoid overcooking!

In his book *Preisend mit viel schönen Reden* Thaddäus Troll, a Swabian author, writes about *Gaisburger Marsch*: "A favorite dish of the Swabian people is *Gaisburger Marsch*, a stew made of small chunks of beef in a hardy broth together with potato pieces and *Spätzle*. Before World War I, the soldiers who had attended at least six classes in a school of higher education were automatically candidates for officers, serving only one year instead of two, and had certain privileges in the barracks. For example, they didn't have to eat in the cantine but were allowed to go to a restaurant. The one-year-term soldiers of the Berg Barracks in Stuttgart preferred the food of the *Bäckaschmiede* restaurant in Gaisburg, whose specialty was this stew. Before eating they fell in line and marched to Gaisburg. The expression *Gaisburger Marsch* was later to be given to this favorite dish. One of the basic elements of this national dish is the potato, which we owe to the French. In Württemberg, ten years of tax exemption together with land was granted to the *Waldenser* who were expelled from Savoy because of their faith. At the beginning of the 18th century they brought the potato and the mulberry tree into the country. The 1200 mulberry trees didn't thrive, but the 200 potatoes which were planted first in Schönenberg near Maulbronn* soon won over all of Germany. In Swabian dialect they are known as *Erdbirnen* (earth pears), *Grundbirnen* (ground pears) or *Erdäpfel* (earth apples): *Äbira, Grombira, Erdäpfl.*"

* cloister, 12th century, near Pforzheim

Zwiebelkuchen

Hefeteig:
10 g frische Hefe
ca. 1/8 l lauwarme Milch
250 g Weizenmehl
60 g Schweineschmalz oder Butterschmalz
1 Prise Salz, 1 Ei
Belag:
1 kg Zwiebeln
80 g Räucherspeckwürfel oder Grieben
30 g Butterschmalz
60 g Weizenmehl
1/4 l saurer Rahm
3–4 Eier, getrennt
etwas Salz, 1 Eßl. Kümmel
Butterflöckchen

Die Hefe zerbröckeln, mit etwas Milch und 2 Eßlöffeln Mehl verrühren. Das restliche Mehl in eine Schüssel oder auf ein Backbrett sieben, in die Mitte eine Vertiefung drücken, den Vorteig hineinfüllen und mit etwas Mehl bestäuben. Den Teig an einem warmen, zugfreien Ort so lange gehen lassen, bis die Mehldecke aufreißt. Nun alle übrigen Zutaten mit dem Vorteig gut verarbeiten und den Teig so lange kneten, bis er sich von der Schüssel oder der Hand löst. Den Teig abdecken und so lange gehen lassen, bis er sein Volumen etwa verdoppelt hat. Der Hefeteig kann auch mit Trockenhefe (Anleitung beachten) und mit Hilfe der Küchenmaschine zubereitet werden.

Während der Teig geht, den Belag zubereiten: Die geschälten Zwiebeln klein würfeln, mit den Speckwürfeln oder Grieben im zerlassenen Fett glasig werden lassen. Das Mehl mit dem Rahm glattrühren, Eigelb, Salz, Kümmel und die abgekühlten Zwiebeln untermischen und zuletzt das steifgeschlagene Eiweiß unterziehen. Von der Sahne-Ei-Mischung eine Tasse zurückbehalten. Eine Springform gut fetten, den Hefeteig auswellen, in die Form legen und die Ränder etwas hochziehen. Den Belag gleichmäßig auf dem Teig verteilen, die restliche Sahne-Ei-Mischung darübergeben, Butterflöckchen aufsetzen und den Zwiebelkuchen im vorgeheizten Backofen bei 200–225° C ca. 35–40 Minuten backen.

Zwiebelkuchen schmeckt nur warm! Gut zu Federweißem (neuem Wein) oder Moscht!

Zwiebelkuchen kann auch mit Mürbteig bereitet werden.

Onion tart

Yeast dough:
0.4 oz. fresh yeast
about 1/4 cup lukewarm milk
1 cup wheat flour
2 1/2 oz. lard or clarified butter
pinch of salt, 1 egg
topping:
2 lbs. onions
3 oz. diced smoked bacon or crackling
2 tbsp. clarified butter
2 1/2 oz. wheat flour
1/2 cup sour cream
3–4 eggs, separated
some salt, 1 tbsp. caraway seed
small pats of butter

Crumble yeast, stir with some milk and 2 tablespoons of flour. Sift remaining flour into a bowl or on a board, make a little hollow in the middle. Fill with yeast mixture and sprinkle with some flour. At a warm, draft-free place let dough rise until surface tears. Now work thoroughly all other ingredients into yeast mixture and knead until dough no longer sticks to sides of bowl or hand. Cover and let rise until about double in size. – Dough can also be prepared with dry yeast (follow instructions) and with help of dough mixer.

While dough rises prepare topping: Chop skinned onions and together with bacon dices or crackling fry in melted fat until translucent. Blend flour with sour cream, mix in egg yolks, salt, caraway seeds and cooled-off onions and at last fold stiff beaten egg whites into it. From cream-egg-yolk mixture keep one cup back. – Grease baking dish thoroughly, roll out yeast dough, place in dish and pull up edges a little. Spread onion mixture evenly on dough, pour remaining cream-egg-yolk mixture over it all and put on small pats of butter. Bake onion tart in preheated oven for about 35–40 minutes at 390–440 degrees. Onion tart only tastes good warm! Good with fermenting new wine or *Moscht.*

Onion tart can also be prepared with short crust pastry.

Pfitzauf

- 5 Eier
- 250 g Weizenmehl
- 1 Prise Salz
- 1/2 l Milch
- 125 g Butter
- Puderzucker zum Überstäuben

Die Eier mit Mehl, Salz und etwas Milch glattrühren. Die übrige Milch erhitzen, einen Teil der Butter zum Ausstreichen der Pfitzaufförmchen (Kaffeetassen sind auch brauchbar) verwenden, die restliche Butter in der Milch zerlassen. Die kochendheiße Milch mit der Butter unter den Teig rühren. Die Förmchen halbvoll mit Teig füllen. Der Teig geht beim Backen stark auf! Im vorgeheizten Backofen bei 180 bis 200° C etwa 30 bis 40 Minuten backen. Pfitzauf heiß aus der Form stürzen und zu Kompott, z. B. Apfel- oder Quittenkompott, oder mit einer Fruchtsoße – Hägenmarksoße (Hagebuttenmark) paßt gut dazu – servieren.
Werden die Pfitzauf süß serviert, mit etwas Puderzucker überstäuben. Pfitzauf können aber auch als Beilage zu Gemüse serviert werden.
Es gibt alte Pfitzaufrezepte, die mehr Mehl (375 g) und mehr Milch (3/4 l) sowie 50 g Zukker, dafür aber weniger Butter vorschreiben. Das rührt unter anderem daher, daß die früheren Pfitzaufförmchen recht groß waren und daß Pfitzauf als Hauptgericht gereicht wurde.

Möchte man ein besonders lockeres Ergebnis erzielen, so können anstatt 250 g Mehl nur 125 g Mehl verwendet werden (für 4 kleine Förmchen). Diese Pfitzauf schmecken köstlich zum Nachtisch oder zum Nachmittagskaffee.

Holunderküchle

- 12 gleichmäßige schöne Holunderblüten
- 200 g Mehl
- 1/4 l Milch
- 3 Eier
- 1 Prise Salz
- Butterschmalz zum Ausbacken

Die Holunderblüten waschen und gut ausschütteln. Evtl. auf ein Sieb zum Abtrocknen legen. Aus Mehl, Milch und Eiern einen Pfannkuchenteig bereiten, die Holunderblüten am Stiel festhalten, in den Pfannkuchenteig tauchen und in heißem Butterschmalz schwimmend goldgelb herausbacken. Mit Zimt und Zucker bestreuen und zum Kaffee reichen.
Man kann die Holunderküchle auch ohne Zucker servieren. Ein Viertele Trollinger paßt dann nicht schlecht dazu.

Pancake puffs

5 eggs
1 cup wheat flour
pinch of salt
1 cup milk
1/2 cup butter
powdered sugar for topping puffs

Mix eggs with flour, salt and some milk and beat until smooth. Heat remaining milk, use part of butter for greasing custard cups for *Pfitzauf* (coffee cups can be used as well) and melt rest in milk. Stir boiling milk with melted butter into batter. Fill custard cups only half way with batter since it rises when baking! Bake in preheated oven at 350–400 degrees for about 30–40 minutes. Remove from forms while hot. Good served with compote, e. g. apple compote, quince puree or with fruit sauce like sauce of rose hip pulp. If *Pfitzauf* are served sweet, sprinkle with powdered sugar. *Pfitzauf* can also be served as side dish with vegetables. There are old recipes for *Pfitzauf* which prescribe more flour (3 cups) and more milk (3 cups) and 1 3/4 oz. sugar but less butter. Among other reasons this is due to the fact that the former baking dishes for *Pfitzauf* were quite big and that *Pfitzauf* was served as a main course.

If you want to achieve an especially light result, use only 1 1/4 cups flour instead of 2 cups (for 4 little dishes). *Pfitzauf* are delicious for dessert or with coffee in the afternoon.

Elder Blossom Fritters

12 equal-sized elder blossoms (approx. 6" in diameter)
1 1/3 cups flour
1 cup milk
3 eggs
1 pinch salt
shortening or clarified butter (4 cups) sugar and cinnamon (garnish)

Wash elder blossoms and drain well. Beat together flour, milk, eggs and salt to make a smooth batter. Hold the elder blossoms by the stalk, and dip the blossoms into the batter, submerging them completely. Immediately remove the blossoms, shake off excess batter, and deep fry the blossoms at 365° F. to 370° F. until they are a light golden color. Sprinkle with sugar-cinnamon mixture, and serve with coffee. Or, omit the sugar-cinnamon, and and serve the fried elder blossoms with beer or wine.

Ofenschlupfer

3–4 mürbe Äpfel, 40 g Zucker
1–2 Eßl. Arrak oder Rum
6 altbackene Brötchen
oder 300 g altes Weißbrot
1/4 l Milch, 50 g Butter
5–6 Eier, getrennt
20–30 g Zucker
1 Prise Zimt
abgeriebene Schale von 1/2 Zitrone
30–40 g geriebene Mandeln
50 g gewaschene Sultaninen
Butter und Semmelbrösel für die Form
Butterflöckchen zum Aufsetzen
oder 2 Eiweiße und 60 g Zucker

Die Äpfel schälen, in feine Blättchen schneiden und diese mit Zucker und Arrak oder Rum durchziehen lassen.
Die abgeriebenen Brötchen in feine Scheiben schneiden und mit der Milch anfeuchten. Die Butter schaumig rühren, Eigelb, Zucker, Zimt und Zitronenschale sowie die geriebenen Mandeln darunterrühren. Die Eiklar gesondert zu steifem Schnee schlagen.
Die Apfelscheiben, die getrockneten Sultaninen und den Eischnee locker unter die Butter-Eigelb-Masse heben.
Eine feuerfeste Form ausbuttern, mit Semmelbröseln ausstreuen. Da hinein die Brötchenscheiben lagenweise mit der Apfelmasse einfüllen, obenauf reichlich Butterflöckchen setzen. Den Ofenschlupfer in ca. 30–40 Minuten bei 180–200° C backen – die Oberfläche sollte eine schöne Farbe haben.
Statt Butterflöckchen kann auch Eischnee nach ca. 20 Minuten Backzeit über den Ofenschlupfer gestrichen werden. Dazu 2–3 Eiklar mit etwa 60 g feinem Zucker zu steifem Schnee schlagen. Dann die Zuckermenge bei den Äpfeln etwas vermindern.

Dampfnudeln

Hefeteig: 500 g Weizenmehl
1/2 Würfel (ca. 20 g) frische Hefe
1 Prise Zucker
1/8–1/4 l lauwarme Milch
2 Eier, 80 g Butter, 60 g Zucker
Schalenabrieb von 1/2 Zitrone
1 Prise Salz
Zum Aufziehen (Backen):
40 g Butter, 1 Prise Salz, 2 Eßl. Zucker
gut 1/4 l Wasser
oder halb Milch, halb Wasser

Das Mehl in eine Schüssel oder auf ein Backbrett schütten und in die Mitte eine Vertiefung drücken. Die zerbröckelte Hefe, Zucker und etwas Milch verrühren und in die Vertiefung gießen. Den Vorteig gehen lassen, dann mit allen anderen Zutaten zu einem geschmeidigen Teig verarbeiten. Den Teig gehen lassen, dann entweder fingerdick auswellen und mit einem Glas Küchle ausstechen oder mit einem Löffel kleine Portionen abstechen (ca. 20 Küchle), nochmals gehen lassen. In einer Kasserolle die Butter zerlassen, Salz und Zukker zugeben und die gewünschte Flüssigkeit (die Flüssigkeit sollte 2 cm hoch in der Kasserolle stehen). Die Flüssigkeit aufkochen lassen, die Küchlein hineinsetzen und den Dekkel auflegen (falls der Deckel nicht gut schließt, einen Teigstreifen um den Rand legen). Auf dem Herd bei mittlerer Hitzezufuhr in ca. 20 Minuten aufziehen. Wenn die Dampfnudeln aufhören zu zischen, noch 10 Minuten weiterbacken, damit sich eine Kruste bildet. Mit einer Backschaufel herausheben und mit Kompott oder Vanillesoße servieren. Oder die Dampfnudeln in der offenen Kasserolle im Backofen bei ca. 180–200° C in ca. 20–25 Minuten aufziehen. So bräunen sie ringsum. Evtl. die Flüssigkeitsmenge erhöhen, damit sie nicht ansetzen.

Ofenschlupfer (bread-and-apple pudding)

- 3–4 ripe apples
- 3 tbsp. sugar
- 1–2 tbsp. arrack or rum
- 6 stale rolls or 10 oz. stale white bread
- 1/2 cup milk
- 2 oz. butter
- 5–6 eggs, separated
- 2 1/2 tbsp. sugar
- a pinch cinnamon
- grated peel of 1/2 lemon
- 2 tbsp. grated almonds
- 2 oz. washed raisins
- butter and bread crumbs for baking dish
- small pats of butter to put on top or 2 egg-whites and 4 tbsp. sugar

Peel apples, cut in fine slices and steep with sugar and arrack or rum. Cut rolls in fine slices and moisten with milk. Beat butter until creamy, mix in egg yolks, sugar, cinnamon, lemon peel and grated almonds. Beat egg-whites separately until stiff. Fold together apple slices, raisins and whipped egg-white with butter-yolk mixture. Grease a fireproof baking dish and sprinkle with bread crumbs. Alternate bread slices layers with apple mixture and generously top with small pats of butter. Bake *Ofenschlupfer* 30–40 minutes at about 350–400 degrees – the top should be slightly brown.

Instead of butter you can also spread whipped egg-white over *Ofenschlupfer* after about 20 minutes of baking time. In this case beat 2–3 egg-whites together with 4 tbsp. sugar until stiff and reduce quantity of sugar for apples.

Dampfnudeln (steamed dumplings)

- Yeast dough made from:
- 1 lb. wheat flour
- 1/2 cube (about 0.7 oz.) fresh yeast
- a pinch of sugar
- 1/3–1/2 cup lukewarm milk
- 2 eggs
- 3 oz. butter
- 2 oz. sugar
- grated peel of 1/2 lemon
- a pinch of salt
- for baking:
- 1 1/2 oz. butter
- 2 tbsp. sugar, a pinch of salt
- 1/2 cup water or half milk, half water

Put flour into a bowl or on a board and make a little hollow in it. Mix crumbled yeast, sugar and some milk and pour it in the hollow. Let yeast mixture rise, then mix with other ingredients and knead until smooth. Let rise again, then roll out to finger thickness and cut out small rounds with a glass or cut little portions with a spoon (about 20 little rounds). Let rise again. Melt butter in a casserole, add salt and sugar and liquid (liquid should stand 1 inch high in the casserole). Bring liquid to boil, put little rounds in it and cover with lid (if lid should'nt close well enough, put a strip of dough around rim). Cook on stove over medium heat for about 20 minutes. If *Dampfnudeln* stop sizzling, cook for 10 more minutes so that a crust can develop. Lift out with a spatula and serve with compote or vanilla sauce.

Or, bake *Dampfnudeln* in open casserole in oven at 375° F to 400° F in 20 to 25 minutes. *Dampfnudeln* brown on top and are then called *Rohrnudeln*. Good with vanilla sauce or just with coffee.

Emilie Reinhardt, Lammwirtin zu Steinreinach.
Emilie Reinhardt, innkeeper in Steinreinach.

Wäre Steinreinach bei Korb kein Wengerterdorf, sondern eine Universitätsstadt, und wären die Stammgäste im „Lamm“ keine Handwerker aus dem Remstal und Kaufleute aus Stuttgart, sondern Studenten und Professoren, dann hätte es zum achtzigsten Geburtstag vom Emile vielleicht, wie bei der legendären Tante Emilie in Tübingen, auch einen Fackelzug gegeben, und ein bedeutender Professor, der eigentlich nie ein Gedicht schreiben wollte, hätte ihr das einzige Gedicht geschrieben, das er je schreiben sollte. So haben ihr nur ein paar Stammgäste die Wirtshaustür zugemauert. Abgesehen davon, daß so etwas gutem schwäbischem Brauchtum entspricht, ist dies angesichts des Risikos, das man heutzutage eingeht, wenn man frühmorgens zwischen vier und fünf mit einer Fuhre Mörtel und Ziegelsteinen sich an einem fremden Haus zu schaffen macht, nicht geringer zu werten, als wenn einer hinter einer Fackel herläuft. Insofern steht der Geburtstagsgruß für 's Emile in Steinreinach der Huldigung für die Tante Emilie in Tübingen in nichts nach.

*

's Emile mag keine Langhaarigen und Menschen, die Coca-Cola zum Essen trinken. Kinder mag sie. Ihrer Meinung nach haben sie aber ein Anrecht darauf, daheim und nicht im Wirtshaus verköstigt zu werden. Da bringt sie es mitunter auch fertig, zu Familien, die gleich rudelweise zum Essen anrücken, zu sagen: „So, send'r wieder z' faul zum Kocha g'wea!“ Was aber keiner krummnimmt.

Zu ihren Stammgästen sagt sie du. Das Du kann sich dabei ebenso auf den Vornamen wie auf den Familiennamen beziehen. Zum Geburtstag bekommt jeder von ihr „a guate Flasch Wei“. Wobei sie streng darauf achtet, daß der Wein besser ist als der, den er sonst trinkt. Die Wirtschaft hat sie längst an ihren Sohn, den Adolf, übergeben. Sie schafft nur noch etwas im Garten wegen der Blumen für die Tische und der Salate und Kräuter für die Küche.

Wenn die richtigen Gäste da sind und die Stimmung entsprechend ist, holt sie ihr Liederbuch und setzt sich ans Klavier. Da kann's dann schon mal vorkommen, daß sich ein paar dazugesellen, auch Gotthilf Fischer, wenn er grad im „Lamm“ ist, und alle mitsingen, wenn sie mit ihrer überraschend hellen und klaren Stimme „Durch's Wiesetal gang i“ oder „Mein Schätzle ist fei“ anstimmt.

In dem Liederbuch sind so längstvergessene Weisen wie „Württembergisches Vaterlandslied (feierlich)“ und so seltsame wie „Die Wiener in Berlin“ und „Das schwarzbraune Bier“. Das Buch hat sie von einem Gast geschenkt bekommen, der so anhänglich war, daß er sich kurz vor seinem Tode noch einmal mitsamt dem Bett ins „Lamm“ tragen ließ.

Seit ihrem dreißigsten Lebensjahr trägt 's Emile Schnürstiefel. Das war schon vor dem Krieg ihr Markenzeichen. Weswegen ein reicher Stuttgarter Schuhfabrikant, der zu ihren Stammgästen zählte – ein vielfacher Millionär, der nie einen Pfennig Geld mit sich zu führen pflegte –, seine Zeche stets mit Schnürstiefeln zahlte. Allmählich sammelten sich in der Schlafkammer vom Emile so viele Schnürstiefel an, daß sie sie an die Bauern der Umgebung verkaufte, womit sie einen nicht unwesentlichen Beitrag zur Fußgesundheit der weiblichen Bevölkerung des Remstales leistete. Ein anderer Stammgast war der Flugzeugkonstrukteur Heinkel, der unweit von Steinreinach, in Grunbach, aufgewachsen ist. Von ihm meint sie: „Dem sei Muatter hot Hoor auf de Zähn ghot, desweage isch aus dem au was wora.“

In liebevoller, fast wehmütiger Erinnerung ist ihr der Vater, der schon mit 56 Jahren starb. „Do an dem Fenster ist er g'standa, a paar Täg vor seim Tod, ond hot g'sait: ‚Wer vo meine Kender wird au amol do standa ond als Wirt aus dem Fenschta nausgucka?‘ I han net denkt, daß des amol i sei werd.“

If Steinreinach near Korb were not a wine growers' village but a university town, and if the patrons of the *Lamm* were not craftsmen from Rems Valley and businessmen from Stuttgart but university professors and students, then Emilie or *'s Emile,* as she is called, might well have had a torchlight parade for her eightieth birthday, as did her famous Tübingen counterpart, Aunt Emilie, and an eminent professor, who "never really wanted to write a poem", might have written for her the only poem he would ever have written.

As it was, only a couple of habitues built a brick wall to block her *Gasthaus* front door. Apart from the fact that this is good old Swabian tradition, the risks involved when building a brick wall in the middle of the night in these uncertain times make it a no lesser feat than running behind a torch on a dark night. In this respect the birthday celebrations for *'s Emile* rank equally with those for Aunt Emilie in Tübingen.

*

's Emile does not like *hippies* and people who drink Coca-Cola with their meals. Nor does she like children in a *Gasthaus.* She is of the opinion that children have a right to good, old-fashioned homecooking in their own home and not in an inn. She might for that reason occasionally even chide one or the other parent with a quizzical "been too lazy again to do your own cooking, eh?" which nobody really minds, however.

's Emile calls all her regulars – who are mostly male – by their first names and on their respective birthdays each gets a bottle of wine. She takes great care to ensure that the wine they get as a present is better than the wine they usually drink.

*

The *Lamm* has long been handed down to her son Adolf. All she does now is a bit of gardening. Just enough to have fresh flowers for the tables everyday and herbs for the kitchen. When she is in the mood, and when she thinks she has an appreciative audience, she brings out her old songbook und sits down at the piano. Usually after the first few bars, a couple of guests join in when she begins to sing with a remarkably clear voice "When I Walk Through The Valley" or "My Honey Is Fine". In the songbook there are such forgotten tunes as "Württembergisches Vaterlandslied" (solemn) and such strange ones as "The Viennese in Berlin" and "That Black-Brown Beer". The songbook was given to her by an old admirer who was so attached to her and the *Lamm* that he had himself carried into the inn, bed and all, a few days before he died. "For a last drink" as he said.

Since her thirtieth birthday Emile has worn ankle-high laced boots. This has been her trademark even before the war. It was also the reason why a rich Stuttgart shoe manufacturer, a multimillionaire, who never carried any cash around with him, had made it a habit to pay his bills with laced boots. Eventually, when the stack of shoe boxes reached the ceiling of Emile's bedroom, she sold the shoes to the farmers of the surrounding villages, thus raising considerably the standard of footwear of the female population in Rems Valley.

Another patron of the *Lamm* was that legendary airplane designer and manufacturer Heinkel, who grew up not far from Steinreinach, in Grunbach. She says of him "His mother had hair on her teeth, that is why he became so successful." (A German saying, meaning that she had a sharp tongue.)

She has loving, almost melancholy memories of her father who died fairly young at the age of fifty-six. "There he stood at this window", she says, "just a few days before his death, wondering: 'Which of my children will stand here some day and look out of this window as the publican of this inn?' I never thought it would be me."

Otto Haag – Ehrenpräsident des Weinbauverbandes Württemberg in Heilbronn

Otto Haag, Honorary President of the Württemberg Winegrowers Association

Im Ersten Weltkrieg mußte Otto Haag oft wochenlang Schule Schule sein lassen und dem Großvater im Wengert helfen. Der Vater war im Krieg, und die Arbeit mußte getan werden. Selbst jetzt, mit einundachtzig, ist er noch im Wengert; etwa beim Abzeilen, dem Anlegen einer Junganlage, wobei er dies noch nach der alten Art, mit der Hackhaue, macht und nicht mit einer Pflanzzange. Er arbeitet auch noch mit dem Karst, jener auf biblische Zeiten zurückgehenden Hacke, die er auch für den Garten nimmt, weil man den Boden damit besser mischen kann. Die Jungen, meint er, machen's mit Maschinen.

Seine erstaunliche körperliche wie geistige Vitalität führt er auf die tägliche Arbeit zurück. „Jeden Tag frische Luft und Arbeit, daß mer schnaufe mueß." Und: „Du muasch denka jeden Tag."

Geistige Arbeit im Verein mit der körperlichen ist Tradition in der politischen Wengerterdynastie der Haags.

Der Urgroßvater, Martin Haag, gehörte von 1893 bis 1898 dem Deutschen Reichstag als Abgeordneter der Deutschen Volkspartei an. Trotz politischer und berufsständischer Aufgaben und seiner Arbeit als Wengerter fand er noch Zeit, Verse zu schmieden.

Der Großvater, Wilhelm Haag, der zunächst im Württembergischen Landtag, dann von 1920 bis 1924 Abgeordneter der Deutschnationalen Volkspartei im Reichstag war, zitierte deutsche Klassiker und verblüffte bei der Arbeit im Wengert durch außerordentliche Körperkraft.

Der Vater, Heinrich Haag, der von 1924 bis 1934 dem Reichstag als überzeugter Bauernbündler angehörte – konservativ im besten Sinn des Worts –, als Vizepräsident des Deutschen Weinbauverbandes zudem ein engagierter Streiter für die Belange des Weinbaus, war ein brillanter Redner und außerordentlich vielseitig interessierter Mensch.

Otto Haag schließlich, geboren am 7. Juni 1906, rundet das Bild ab. Obwohl er sich nicht als geborenen Politiker betrachtet, war er Abgeordneter der FDP/DVP im Baden-Württembergischen Landtag und fast zwanzig Jahre Präsident des Weinbauverbandes Württemberg, zudem von 1965 bis 1971 Stadtrat in seiner Heimatstadt Heilbronn. Er war es, weil er sich dem Gemeinwohl, seinem Berufsstand und seiner Heimatstadt verpflichtet fühlte.

Dabei hat ihn eigentlich immer schon das Musische mehr angezogen. So war er Singleiter in der Jugend- und Singbewegung der zwanziger und dreißiger Jahre, Gründungsmitglied des Heinrich-Schütz-Chors und baute nach Krieg und Zerstörung den Nikolai-Chor neu auf.

Er singt heute noch mit seiner Tochter und deren Freundinnen, wobei ihn der dreistimmige Satz – für den er Lieder selbst bearbeitet – interessiert, neben Bach-Kantaten, aus denen er seinen Besuchern gelegentlich vorspielt.

Die geistige Auseinandersetzung und den Dingen auf den Grund zu gehen war Otto Haag, in dessen Elternhaus Theodor Heuss verkehrte und zu dessen Freundeskreis Männer wie der „Schwarzriesling-Schneider" und der „tausendjährige Wengerter" und spätere Minister Fritz Ulrich gehörten, von jeher so wichtig gewesen wie die Arbeit im Wengert.

Da hatte er immer etwas Angst vor dem „schwera Gschäft" – hacken, pfählen, im Winter Reuten oder Kies tragen.

Er war mit seinen 112 bis 120 Pfund „a leichter Ma". Dafür hat er dann länger g'schafft; oft bis in die Nacht hinein. Was allerdings nicht hieß, daß er sich nach Feierabend nicht auch seine ein, zwei Viertele als Schlaftrunk gönnte.

Tabletten hat er sein Leben lang nicht gekannt.

Jetzt im Ruhestand ist Otto Haag dabei, mit einigen Freunden die alten Zeiten des Weinbaus in einem Museum festzuhalten. Er glaubt es nicht nur seiner Weinbaugeneration schuldig zu sein, sondern mehr noch denen, die nachkommen werden.

As a little boy he had to play hooky for weeks on end to help his grandfather in the vineyards. That was during World War I, when his father was away, fighting in the war. Work in the vineyards could not wait. Even now, at 81 work sometimes can't wait and he's in the vineyards helping to plant new vines, or doing something or other. His tools are a hoe and the traditional *Karst,* that winegrowers' tool that goes back to biblical times. Sometimes he even uses the *Karst* in the garden "because you can work the soil better with it than with a spade", he says. His amazing physical and mental fitness he attributes to his daily chores. "Work every day, but not just a little, you have to sweat – and think everyday."

*

Mental work together with physical work have a long standing tradition in the "Winegrowing Dynasty" of the Haags.
Great grandfather, Martin Haag, belonged to the German Reichstag, the German National Parliament, from 1893 to 1898, as a delegate of the *Deutsche Volkspartei.* Despite his many political duties and his work as a winegrower he found enough time to write poetry. Grandfather Wilhelm Haag, who was first a member of the State Assembly and then, from 1920 to 1924 member of the German Reichstag recited German classical literature and amazed everyone in the vineyards with his immense physical strength.
His father, Heinrich Haag, who was also in the Reichstag from 1924 to 1934 as a member of the *Bauernbund* (the farmer's party) and who was vice president of the German Winegrowers Association, was a brilliant orator and a man with a large range of interests. Otto Haag, born on June 7th, 1906 rounds off the list.
Although he never considered himself a "born politician", he was not only a member of the Baden-Württemberg State Parliament, and, for twenty years running, President of the Württemberg Winegrowers Association, but also a City Councillor in his hometown of Heilbronn from 1965–1971. He took on these offices, he says, because he felt committed to the public, to his profession and to his hometown. In fact he has always been more artistically inclined than politically.

He was one of the founder members of the famous Heinrich Schütz Choir and also sang in the Nicolay Church Choir. In an all-male choir he could sing bass or tenor and in a mixed choir he could sing in all keys. He even sings today, at eighty-one, with his daughter and her friends. Arrangements for three voices, which he writes himself, appeal to him most. That, and playing Bach cantatas for occasional visitors. The mental challenge in getting to the bottom of things and questioning their reality has always been as important to Otto Haag – in whose parents' house the first president of the Federal Republic, Theodor Heuss, often came as a young student and who befriended such renowned winegrowers as *Schwarzriesling-Schneider* and "thousand-year winegrower" Fritz Ulrich – as was his work in the vineyards. In the vineyards he was always a little afraid of heavy work. Weighing only 120 pounds, at five foot six he was a lightweight. To make up for his lack of physical strength he worked twice as hard and twice as long as others, often until late into the night. "My wife and I worked harder than we had to. My uncle often said: 'You're working yourself to exhaustion.' I couldn't help it. Work in the vineyards could not wait."
Now, in retirement, Otto Haag is, with the help of some friends, busy founding a museum to document the old times of winegrowing in the Heilbronn area. He believes he owes that not only to his own generation but even more to the generations to come.

Originale scheint es früher im Schwäbischen zuhauf gegeben zu haben. Erzschelme wie den Pfeffer von Stetten, den man zu Recht einen schwäbischen Eulenspiegel nennt, oder Dichter wie den Tübinger Ochsenmetzger Christian Späth, dessen Vierzeiler

Der Mond braust durch das Neckartal,
die Wolken sehen aus wie Stahl...
und in den Straßen sieht man nix
als nur die Tücke des Geschicks.

ebenso in die schwäbische Geistesgeschichte eingegangen ist wie seine berühmt-philosophische Anmerkung:

„Wenn i älls obeds vo Dußlenge reifahr, den gestirnte Himmel über mir, das sittliche Gesetz in mir ond meine Säu henter mir, da verleb ich meine schönste Schtonde."

Auch Pfarrer waren darunter, so der Kirchdorfer Pfarrer Michael Jung, der mit seinen Grabgesängen eine Art geistliches Moritatenliedgut geschaffen hat, Sprachforscher wie Moriz Rapp, der die schönsten Sonette der klassischen portugiesischen Literatur ins Schwäbische übersetzte, und sogar Statistiker wie jener Lehrer, der ausgerechnet hatte, daß er während seiner fünfzigjährigen Amtszeit 911 456 Stockschläge, 124 010 Rutenhiebe, 115 800 Kopfnüsse und 7908 Ohrfeigen verteilt hatte.

*

Das Eigenwillige liegt dem Schwaben im Blut. Die Freiheit, für sich beanspruchen zu können, so zu sein, wie er ist, mit all den „Sparren" und Schrullen, ist ihm ebenso wichtig wie das „höchste Begehren des schwäbischen Mannes", wie August Lämmle es einmal nannte, nämlich „unabhängig zu sein, um allzeit und allerorts das Recht der eigenen Persönlichkeit mit dem höchsten schwäbischen Trumpf, dem Leibwort des Götz von Berlichingen, ausspielen zu können."

Beides, das Eigenwillige wie das Unabhängige, sind Elemente des Originalen. Und beide, das Eigenwillige wie das wahrhaft Unabhängige, scheinen im Schwinden, wenigstens gemessen an der Zahl der Originale, die immer weniger werden.
Unsere Zeit bereitet offensichtlich nicht mehr den Humus, den sie brauchen.

Zu den „original" schwäbischen Gerichten, die in diesem Buch aufgeführt sind, sollten eigentlich die Dampfnudeln nicht gezählt werden. Selbst in schwäbischen Kochbüchern, wenigstens den älteren, werden sie als „Bayrische Dampfnudeln" aufgeführt. Mit Recht.
Es gibt im Bayerischen sogar ein Lied über Dampfnudeln:

Dampfnudeln ham ma gestan g'habt,
Dampfnudeln ham ma heit,
Dampfnudeln ham ma alle Tag,
Grod, wia 's uns gfreit,
Dampfnudeln mit ara Zwetschgnsoß
oder an Kraut...

Wenn man dem Lied glauben darf, dann gibt es in Bayern Dampfnudeln nicht nur „alle Tag", sondern auch noch mit Kraut, was man bei seiner Vorliebe fürs Kraut eher dem Schwaben zugeordnet hätte.
Trotzdem gehören die Dampfnudeln, bayerisch oder nicht, zur schwäbischen Küche wie die Grieben zur Blutwurst. Ebenso wie die Schupfnudeln, die man im Fränkischen „Wargele" nennt, die sauren Kartoffelrädle, die in Bayern „saures Kartoffelgmüs" heißen, und der Rostbraten, den man anderwärts als Wiener Rostbraten kennt. Die Grenzen verwischen sich, wenigstens im Süden Deutschlands. Das Originale ist Gemeingut auch der Nachbarstämme. Und so soll es vielleicht auch sein.

In the old days there must have been characters galore in Swabia. Jesters like Pfeffer from Stetten, poets by chance such as the Tübingen butcher Christian Späth whose four-liner

The moon roars through the Neckar Valley
Clouds look like steel, there is no time
to dally
'cause in the streets there's absolutely nix
Except fate's dark and cunning tricks"

has become just as much part of Swabian literary history as did his famous semi-philsophical enlightment: "When I'm driving home in the evening, the starry skies above me, the moral law within me, and my pigs behind me, I live my happiest hours." Or priests such as Parson Michael Jung of Kirchdorf, whose made-to-order graveside songs had become so popular in the nineteenth century that he could hardly satisfy demand. Men of letters, such as Moriz Rapp, who translated the most beautiful sonnets of classical Portuguese literature into Swabian dialect because he felt that the nasal tones of Portuguese were akin to Swabian, and even statisticans like that unknown schoolmaster who had painstakingly kept account and had figured out that during his fifty years in office, he had "handed out" 911 456 thrashings by cane, 124 010 floggings by rod, 115 800 knocks on the head and 7908 slaps in the face.

*

Eccentricity is in the Swabian blood. To have a right to one's whims and follies is just as important as is the "superior aim of each and every Swabian male" as poet August Lämmle once defined it, "to be independent enough to play the highest Swabian trump, that is, to be able to bid the Swabian Greeting* anywhere and at any time."
Both the eccentric and the independent are elements of the "original", and the "original" seems to be slowly disappearing. At least judging by the dwindling number of characters around. Our times apparently do not provide the humus they need.
Speaking of the original: *Dampfnudeln* or steamed dumplings should not normally be counted amongst original Swabian dishes. In fact, in most Swabian cookbooks, at least the older ones, they are shown as *Bavarian Dampfnudeln,* and quite rightly so. In Bavaria there is even a song about *Dampfnudeln:*

„Dampfnudln we had yesterday
Dampfnudln we've got today
Dampfnudln we've got everyday
Just as we say.
Dampfnudl with a stew of prunes
Or with some Kraut…

If one can believe that song, *Dampfnudln* grace the Bavarian's table every day. Accompanied even by *Kraut,* despite the fact that *Kraut* or cabbage is a Swabian favorite. Nevertheless, *Dampfnudeln,* Bavarian or not, also belong to Swabian cooking as does blood to bloodwurst. Likewise do *Schupfnudeln* (potatoe noodles) which in Franconia are called *Wargele,* and *Saure Kartoffelrädle* (hot German potato salad), which in Bavaria is called *Saures Kartoffelg'müs.* The same holds true of another Swabian mainstay, *Schwäbischer Rostbraten,* which elsewhere is called *Wiener Rostbraten,* and is nothing more than a steak with plenty of onions.
The borders of regional cooking blur, at least in Germany's south. The original is also common to the neighbors, and quite rightly so.

* Kiss my ass.

Feines aus dem Schnellkochtopf
Von Albert Bouley
Mit schonender Zubereitung raffiniert kochen und Zeit sparen! Albert Bouleys Ideen versprechen kulinarische Erfolgserlebnisse zuhause: Von exquisiten Vorspeisen bis zu zarten Desserts - alles gelingt dank genauer Zeit- und Mengenangaben.
69 Seiten und 28 Farbfotos, 17,5 x 24 cm, Glanzeinband.
ISBN 3-7750-0239-1

Pilz-Delikatessen
Rezepte für Sammler und Genießer
von Luce Höllthaler
Neuausgabe des beliebten Pilzkochbuchs mit Rezepten für rund 40 Pilzsorten und praxisorientierten Tips für das Sammeln und Vorbereiten, für das Genießen und die Vorratshaltung.
79 Seiten, 30 Farbfotos, 17,5 x 24 cm, Glanzeinband.
ISBN 3-7750-0257-X

Ein Hauch von Knoblauch
Von Ulrich Kopp
Die Lieblingsknolle von Spitzenköchen und Feinschmeckern veredelt jedes Rezept. Kulinarische Überraschungen, die nach Urlaub schmecken. Das Bildkochbuch für alle Knoblauchfans - ein Genuß für Gaumen und Auge.
135 Seiten mit 72 Farbfotos, 17,5 x 24 cm, Glanzeinband.
ISBN 3-7750-0241-3

Mein Topf ist Eintopf
Von Fred Metzler
Die besten Eintopfrezepte aus aller Welt - ideal für die gesellige Gastlichkeit und unkomplizierte Feste. Spezialitäten der deutschen Regionalküche und internationale Klassiker.
79 Seiten mit 20 Farbfotos, 17,5 x 24 cm, Glanzeinband.
ISBN 3-7750-0268-5

Kleine Naschereien
von Karl Neef
Konditorrezepte zum Selbermachen. Teegebäck, Pralinen, Plätzchen und Petits fours für Weihnachten und rund um's Jahr. Ein kleiner Geschenkband, der mit lauter neuen Rezepten zum Naschen und Nachmachen verführt.
72 Seiten, 30 Farbfotos, 17,5 x 24 cm, Glanzeinband.
ISBN 3-7750-0261-8

EuroAsiatische Küche
Vorgestellt von Prof. Dr. Michael Hamm
Feinschmecker-Rezepte einer neuen Küche der leichten Art. Die Verschmelzung der asiatischen Kochkultur mit europäischen Rezepten bietet einen Hochgenuß für die Sinne und unsere Gesundheit. Nützlich ist die kleine Waren- und Gewürzkunde mit Bezugsquellen.
151 Seiten mit über 50 Farbfotos, 19,5 x 27 cm, Geschenkband mit Schutzumschlag.
ISBN 3-7750-0206-5

Kiehnle Kochbuch
„Ein hervorragend gelungenes Standard- und Nachschlagewerk für die Küche. Es ist alles drin, was wirklich interessiert." SWF 1
760 Seiten, durchgängig farbig mit rund 300 Rezept- und Zubereitungsfotos, küchengerechter Kunststoffeinband mit Leseband, Schmuckschuber, 19,5 x 27 cm.
ISBN 3-7750-0260-X

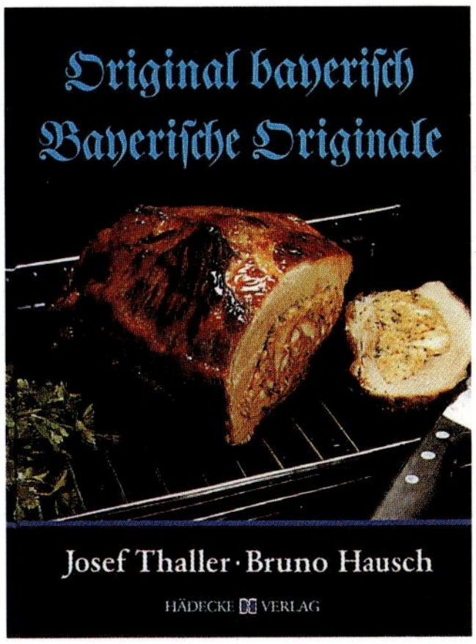

Original bayerisch - Bayerische Originale
Von Josef Thaller. Fotos: Bruno Hausch
Echt bayerische Rezepte, gewürzt mit liebenswerten Portraits bayerischer Originale und Persönlichkeiten. Geschichten und Gerichte, Brauchtum und Brotzeit - ein Bildband mit meisterhaften Fotos!
126 Seiten mit rund 60 Farbfotos, 19,5 x 27 cm, Glanzeinband.
ISBN 3-7750-0183-2

Spreewald
Von Edith Gerlach
Der Spreewald - eine alte Kulturlandschaft mit Spezialitäten, die fast in Vergessenheit geraten wären, wird in diesem zauberhaften Bildband neu entdeckt. Ein Bilderbogen, der Erinnerungen weckt mit Rezepten einer unverfälschten Naturküche.
94 Seiten mit rund 100 Farbfotos und Zeichnungen, 21 x 28 cm, Glanzeinband.
ISBN 3-7750-0224-3

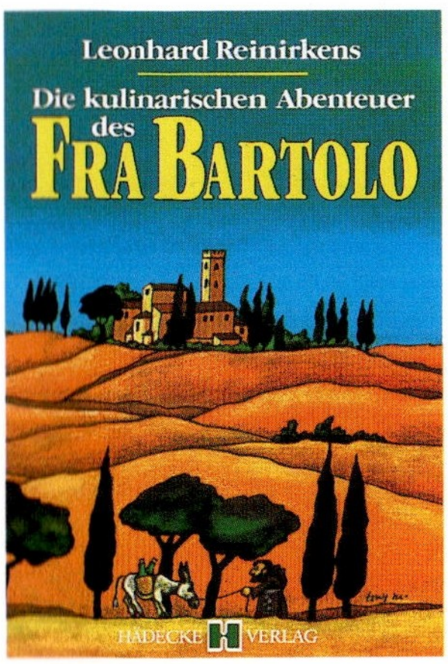

Die kulinarischen Abenteuer des Fra Bartolo
Leonhard Reinirkens
Genüßliche Geschichten vom sinnesfrohen Klostergärtner Fra Bartolo nach der beliebten Rundfunkserie. Rund 50 Rezepte für Köstlichkeiten der italienischen Küche.
300 Seiten, illustriert von T. Munzlinger, 14 x 21 cm, Efalin mit Schutzumschlag.
ISBN 3-7750-0173-5

Morgenmuffels Muntermacher
Das Frühstücksbuch
von Heidi Bauerle
Zum Schmökern, Schmunzeln und Nachmachen. Originelle und leckere Frühstücksrezepte, die das Aufstehen erleichtern. Rezepte, Anekdoten, Gedichte und Zeichnungen machen Lust aufs Weiterlesen und Ausprobieren.
96 Seiten, ca. 50 Zeichnungen, 12 x 21 cm, Glanzeinband.
ISBN 3-7750-0256-1

Ofenschlupfer und Moschtköpf'
Von Heidi Bauerle
Die typisch schwäbischen Rezepte der sparsamen Emma, Gästebuchnotizen des Stuttgarter Geschäftsmannes Ernst Pfleiderer und gereimte Lobeshymnen des Prälaten Abele auf die gute schwäbische Küche - ein Lesegenuß auch für Nichtschwaben.
110 Seiten mit rund 100 Zeichnungen und Vignetten, 12 x 21 cm, Glanzeinband.
ISBN 3-7750-0247-2